코카콜라가 감동한
어니스트 티의 기적
HONEST TEA

코카콜라가 감동한
어니스트 티의 기적
HONEST TEA

세스 골드먼·배리 네일버프 지음
최성윤 그림 | 이유영 옮김

부·키

지은이 **세스 골드먼**은 어니스트 티의 공동창업자이자 TEA-EO이다. 하버드대와 예일대 경영대학원을 졸업한 뒤 유명 투자회사에서 일하던 중 보장된 미래를 버리고 스승 배리와 함께 창업했다. 어니스트 티를 최고의 유기농 음료회사로 키워낸 지금도 15년 전과 다름없이 자전거로 출퇴근하면서, 비즈니스를 통해 세상을 더 낫게 만들겠다는 미션을 추구하고 있다.

지은이 **배리 네일버프**는 어니스트 티의 공동창업자로 예일대 경영대학원 교수이자 『전략의 탄생』을 쓴 게임이론 전문가다. 제자인 세스와 함께 어니스트 티를 만들었으며, 전략가이자 협상가이자 아이디어맨으로, 필요할 때는 악역을 자청하여 오늘의 성장을 이루는 데 기여했다. 여러 기업의 컨설턴트 및 이사로도 활발히 활동하고 있다.

그린이 **최성윤**은 뉴욕의 시각예술학교를 졸업한 뒤 그래픽노블을 가르치고 있다. 『뉴욕 매거진』, 『플레이보이』, 『뉴욕타임스』와 그래픽노블 『American Widow』와 『The Emperor Poets』(근간)에 그림을 그렸다.

옮긴이 **이유영**은 미국 클레어몬트 매케나칼리지와 서던캘리포니아대 애넌버그스쿨을 졸업하고, 피터드러커경영대학원과 캘리포니아주립대 미헤일로경영경제대학원에서 경영학과 금융공학, 기업세무학 석사를 마쳤다. 현재 한국금융기술연구소의 파트너로 공공 발전 및 선진화 전략 설계와 컨설팅을 하면서 조세정의네트워크의 한국 및 동북아시아 담당자로도 활동하고 있다. 옮긴 책으로 『보물섬』이 있다.

2014년 4월 15일 초판 1쇄 발행 │ 2018년 5월 15일 초판 3쇄 발행 │ 지은이 세스 골드먼 · 배리 네일버프 │ 그린이 최성윤 │ 옮긴이 이유영 │ 펴낸곳 부키(주) │ 펴낸이 박윤우 │ 등록일 2012년 9월 27일 │ 등록번호 제312-2012-000045호 │ 주소 03785 서울 서대문구 신촌로3길 15 산성빌딩 6층 │ 전화 02) 325-0846 │ 팩스 02) 3141-4066 │ 홈페이지 www.bookie.co.kr │ 이메일 webmaster@bookie.co.kr │ 제작지원 (주)체인지컬러 hicorea@gmail.com │ 제작진행 올인피앤비 bobys1@nate.com │ ISBN 978-89-6051-384-6 03320

우리의 꿈을 실현한 영웅,
어니스트 티의 과거와 현재의 동료들에게
이 책을 바칩니다.

차례

성장기(2004년~2008년)
음료전쟁에서 살아남기

이 책에 등장하는 어니스트 티Honest Tea는 스내플, 애리조나, 타조 등과 함께 세계적으로 가장 큰 성공을 거둔 미국의 음료 브랜드이다. 그뿐 아니라 긍정적인 사회 변화를 이끌어간다는 사명을 내세운 이른바 사회적 혁신기업의 대표적 성공 사례로도 널리 알려져 있다.

1998년 주방에서 직접 우려낸 차를 보온병과 스내플 빈 병 몇 개에 담아 유기농 슈퍼마켓에 납품할 기회를 찾아나선 것으로 출발한 어니스트 티는 2013년 현재 코카콜라가 지분 100%를 가진, 매출액 1억 달러를 훌쩍 상회하는 글로벌 유기농 차음료회사로 성장했다. 주방과 유기농 슈퍼마켓, 코카콜라와 글로벌 브랜드, 이처럼 너무나 멀어 보이는 간극을 성공으로 채운 것이 바로 이 책의 저자이자 공동 창업자인 세스 골드먼과 배리 네일버프이다.

창업 당시 세스는 하버드대와 예일대 경영대학원을 졸업한 뒤 유명한 투자회사에서 탄탄대로를 달리고 있었고, 게임이론 전문가이자 『전략의 탄생』 공저자로도 유명한 배리는 예일대 경영대학원 교수로 재직 중이었다. 예일대 경영대학원에서 스승과 제자로 만난 두 사람은 달지 않은 차음료를 통해 소비자와 생산자, 유통업자, 그리고 사회 생태계 전체에 긍정적 변화를 이끈다는 사명을 음료병에 담고 항해에 나선 지 10여 년 만에 오늘의 성공을 거두었다.

어니스트 티가 태동하던 1990년대 중반, 미국 음료시장에서는 거대한 지각변동이 시작되었다. 코카콜라와 펩시 같은 거대 기업이 제조, 특허 관리, 마케팅 등 물량공세를 담당하고, 이들과 독점계약을 맺은 유통업체와 음료 원액을 들여와 병에 담는 보틀링업체가 안정적으로 지역시장을 장악하던 것에서, 거대 기업들이 유통과 보틀링까지 흡수하면서 지역업체들의 설 자리가 좁아지게 된 것이다. 이른바 '평평한 세계'로 나아가는 세계시장의 재편을 누구도 비켜갈 수 없었다. 세계 음료시장은 미국의 코카콜라와 펩시, 양대 거인이 사실상 장악하고 있었으므로 미국발 음료시장의 지각변동은 곧 세계 음료시장의 격변을 의미했다.

같은 시기, 청량음료 위주의 시장에 스타벅스와 커피빈앤드티리프 같은 커피전문점 문화, 스내플, 애리조나, 타조, 비타민워터 등과 같은 '건강한' 대안적 음료 문화가 등장했다. 새로 등장한 음료회사들 중에는 눈길을 끄는 마케팅과 광고로 매출을 적당히 키워 기업가치평가액을 부풀려서 순간의 성공을 이루려는 곳이 드물지 않았다. 닷컴 거품 때처럼 재무적 숫자 놀음이 횡행했다.

이런 분위기에서 어니스트 티의 성장은 단연 돋보이는 것이었다. 이름 그대로 정직한 음료를 만들고, 그 음료를 통해 더 나은 사회를 만드는 데 기여한다는 미션을 추구하면서도 당당히 최고의 음료 브랜드로 자리 잡았기 때문이다. 그 과정에서 온갖 난관을 헤쳐야 했음은 책에 잘 묘사되어 있다.

역자가 세스를 처음 만난 것은 2009년 코넬대학교 경영대학원에서 개최되었던 넷임팩트 컨퍼런스였다. 넷임팩트는 '선한 비즈니스를 통한 사회적 기여 Doing Well by Doing Good'를 모토로 하는 비영리조직이다. 당시 GE의 제프리 이멀트 같은 쟁쟁한 참석자들 중에서 세스는 단연코 눈길을 끌었다. 열정과 진솔함, 그리고 긍정적 변화에 대한 확신이 그의 연설과 질의응답에 고스란히 담겨 있었다. 세스는 어니스트 티가 코카콜라를 통해 비약적 성공을 거두고 있지만, 이는 목적이 아니라 수단일 뿐이라고 강조했다. 어니스트 티 매출이 늘어날수록 소비자가 섭취하는 열량이 줄어들고, 자원 낭비가 줄며, 생산자의 몫은 더 커지게 하는 것이 자신이 꿈꾸고 이루려는 사회적 기여라고 했다.

2013년 말, 세스는 배리와 함께 곧 어니스트 티의 이야기를 담은 책을 출판한다는 소식을 넷임팩트를 통해 전하면서 판매 수익 일부를 기부하겠다고 밝혀 다시

한 번 감동을 주었다. 이 책이 만화인 것은, 어니스트 티의 젊은 직원들과 함께 랩을 하는 홍보용 영상을 유튜브에 올렸던 그다운 선택이다.

어니스트 티를 코카콜라에 매각한 뒤에도 여전히 TEA-EO Tea Executive Officer로 경영에 참여하고 있는 세스와 달리, 이사회 의장직을 물러난 배리는 예일대 강의에 전념하던 중 최근에 또 다른 음료업체를 창업했다. 과거, 어니스트 티에서 콤부차 제품을 내놨다가 알코올 함량이 높게 나와 어쩔 수 없이 철수한 일이 있는데, 그게 아쉬웠던지 이번엔 알코올을 약간 가미한 콤부차 음료를 만든다고 한다. 이 책 곳곳에서 웃음을 안겨주는 그의 유머가 새 회사의 표어에도 담겨 있다. "취하지 말고, 살짝만 업 Get tickled. Not pickled."

불가능하다고 말하는 사람들이
실제 그 일을 하고 있는 사람들을 방해해서는 안 된다

—중국 속담
어니스트 티 본사 입구에 걸려 있는 표어

우리는 목이 말랐다. 뭔가 마실 것을 찾았으나 없었고 결국 진짜 차 맛이 나는 음료를 만드는 회사를 창업하게 됐다. 주변에 널려 있는 음료수들을 생각해보면 이런 회사를 창업하는 것은 재앙에 이르는 길이 아닌가 하는 생각이 들법하다. 우리는 이런 유의 일은 해본 적도 없는 교수와 제자에 지나지 않았으니까. 사실 이런 창업 아이디어가 괜찮은 것이라면 음료산업을 잘 아는 누군가가 이미 시작을 하지 않았겠는가? 그러나 우리는 꽤 많은 시련을 거친 끝에 결국 성공했다. 바로 순전히 무지 때문에, 아니 무지에도 불구하고 성공했다.

우리는 여러 측면에서 직관을 믿었다. 세상을 바꾸고자 했던 세스는 비영리와 정부 분야에서 커리어를 시작했다. 여러 경험을 치르면서 세스는 비즈니스가 세상을 바꾸는 더욱 강력한 수단이 될 수 있음을 깨달았다. 굳이 성공하기 위해서 이상을 희생할 필요는 없다.

물론 비즈니스가 번창하지 못하면 변화를 만드는 데 일말의 기여도 할 수 없다. 우리가 이 책을 쓴 이유는 우리가 겪은 실수와 성공으로부터 독자 여러분이 무언가 배우기를 바라서다.

또 창업 이후 겪게 될 일을 이 책을 통해 미리 맛보고 준비하길 바란다. 우리는 수도 없이 거절을 당했고, 수많은 불면의 밤을 보냈으며, 평생 쌓은 예금이 바닥날 위기에 처한 적도 있었고, 심지어 세스는 목숨을 잃을 뻔하기도 했다. 이 책은 성공적인 브랜드 만들기에 대한 이야기인 동시에 목숨을 걸고 덤빈 사연이기도 하다. 혁신적 기업가들이 가정과 회사 사이에서 균형을 잡으면서 필연적으로 겪게 될 난관을 우리의 경험을 통해 독자들과 공유하려 한다.

우리가 살아남게 된 하나의 이유는 애초에 큰 그림을 제대로 그리고 시작했다는 점이다. 이것은 우연이라 할 수 없다. 책 속에서 배리가 가르치는 예일대 경영대학원의 MBA 강의실 투어를 통해 우리가 사업상의 결정을 내릴 때 지침이 되어 준 경제학적 원칙의 실례를 맛보게 될 것이다.

우리가 버텨내게 된 또 다른 이유는 바로 열정이다. 특히 사람들의 삶을 향상시킨다는 사명에 기초해서 회사를 키우고자 할 때 열정을 갖기는 그리 어렵지 않다. 우리는 시장에 널려 있는 것과는 다른 음료수를 만들고 싶었고, 익숙한 것과 타협하라는 수많은 압력에 맞서서 우리의 믿음을 고수했다.

그렇다고 이 책이 난해한 과학을 다루는 것은 아니다. 어니스트 티를 시작할 때 멋진 컴퓨터나 사무실로 쓸 차고가 필요했던 것도 아니고, 그저 찻주전자 하나와 차를 따라 놓을 공간 정도만 있으면 됐다. 이처럼 음료 사업의 기술적 측면은 무척 단순하지만, 빠르게 성장하는 회사를 정착시키고 돈줄을 마련하는 일은 좀 더 복잡하다.

지금 세상에 비즈니스책을 새로 낼 필요가 있을까? 흠, 우리가 어니스트 티를 시작하기 전에 음료 제품을 새로 낼 필요가 있었을까?
(독자 여러분은 이 두 가지 질문에 답을 할 수 있으신
지?) 우리는 어니스트 티를 창업한 것과 같은 이
유로 이 책을 썼다. 창업하기 전에 읽고 도움을 얻
을 책이 있었으면 하고 바랐기 때문이다.

감히 말하건대, 이 책은 그저 흔한 비즈니스책이 아니다. 처음 보는 분들에게는
이 책이 만화책으로 보일 것이다. 세스는 세 아들과 함께 만화를 읽다가 푹 빠져
버렸는데, 생동감 있는 이야기 전개를 위해서 우리
책도 만화로 구성하기로 했다. 독자 여러분은 우
리와 여정을 함께하는 동안 다채로운 사람
들을 만나게 될 것이고, 우리가 그렇게
심각한 사람이 아니란 것도 알게 될 것
이다.

이 책을 내면서도 우리는 직관을 믿었다. 그렇다고 우리 힘으로만 한 것은 아니
다. 그림을 그린 뛰어난 일러스트레이터 최성윤에게 너무나 값진 도움을 받았다.

정직을 담아서, 세스와 배리

창업기
1997년~1999년

맛 좋고
몸에도 좋은
음료수는
없을까

안녕하세요 교수님, 전에 수업 시간에 얘기했던 거 기억하세요? 달지 않은 음료수요. 좀 진전된 거 있을까요?

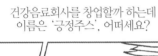
건강음료회사를 창업할까 하는데 이름은 '긍정주스', 어떠세요?

오랜만이구나, 세스. 그때는 오렌지주스에 탄산수 섞는다는 생각만 했었지.

근데 얼마 전 인도에 가서 타타그룹과 차 관련한 사례 연구를 하나 진행했는데 말야.

내가 지금까지 형편없는 차만 마셔 왔다는 걸 깨달았어.

와우, 차 맛 정말 죽이네.

이거 얼마죠?

킬로그램당 1000루피요.

스타벅스가 커피로 성공한 것처럼 누군가는 차로도 성공할 수 있겠다는 생각도 들었고.

세상에서 가장 값싼 사치품이네.

한 잔에 고작 5센트라니!

어울리는 이름도 하나 생각했지.

어떻게 하면 미국 수출을 늘릴 수 있을까요?

타타 브랜드가 인도에선 인지도가 높지만 미국인은 모르죠. 타타가 옹호하는 가치를 전달할 수 있는 이름이 좋겠는데요. 어니스티 어때요?

타타라는 이름도 전혀 문제없다고 생각하는데요.

좋은 지적이네요. 타타 회장님.

어니스티 Honestea, 정말 괜찮은 이름인데요!

그렇지? 상표 등록도 할 수 있을 거야. 245달러밖에 안 드니까 내가 직접 해볼게.

몇 주 후

귀하가 등록 신청한 상표가 네스티 Nestea 상표를 침해하고 있음을 알려드립니다.

어니스티가 네스티 앞에 'HO'만 붙인 걸로 보일 줄은 생각도 못 했네.

다른 건 어때요? 서스티, 퓨리티, 바이탈리티, 어니스 티….

그래, 두 단어로 만드는 거야. 어니스트 티 Honest Tea!

칼로리가 전혀 없거나 아주 높은 것은 있지만 그 중간은 없어요.

ㅇ 칼로리

14ㅇ 칼로리

소비자들이 찾는 건 그 둘 뿐이에요.

중간은 원하지 않아요.

난 안 그래. 지금 나와 있는 음료수들이 너무 달아서 크랜베리 주스에 탄산수를 섞어 마셔요.

나도!

20에서 50칼로리 정도의 음료를 원하는 사람?

3분의 1 정도군.

아이스티에 설탕을 몇 티스푼이나 넣는지 볼까?

ㅇ 7명

1 2ㅇ명

2 15명

3 이상 4명

저 같은 남부 출신은 여섯 스푼까지 넣죠.

대부분 두 스푼 이하를 넣고 있군. 그러면 시판되는 아이스티엔 설탕이 얼마나 들어갈까?

1… 2… 3… 4… 5…

계속 넣어.

6… 7… 8…

계속.

9… 1ㅇ… 11?

세계보건기구

설탕을 하루에 열 스푼 이상 섭취하지 마세요.

아이스티 500밀리에 설탕 열두 스푼이 들어가.

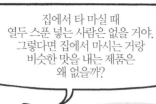

집에서 타 마실 때 열두 스푼 넣는 사람은 없을 거야. 그렇다면 집에서 마시는 거랑 비슷한 맛을 내는 제품은 왜 없을까?

한계효용체감의 법칙이라는 기본적인 경제학적 개념을 떠올려볼까.

쓴맛을 없앤다.

단맛을 더해준다.

더 넣을수록 맛에 미치는 영향은 감소한다.

1스푼 2스푼 3스푼 그 이상

한계효용체감 사례는 어디에든 있어.

신발 한 켤레는 발을 보호해주지.

하나 더 있으면 출근용으로 쓸 수 있고.

세 번째는 운동할 때 쓸 수 있겠지.

그다음엔 아마 명품 구두를 사겠지.

그럼 맨 마지막 신발이 주는 한계효용이 가장 작네요.

신발에는 그 이론이 맞지 않아요.

신발은 틀릴 수도 있지만, 설탕에는 맞는 것 같은데.

그래서 설탕 두 스푼이 기준이 돼야 한다고 생각해.

교수님 말이 맞다면 왜 음료회사들이 그렇게 안 할까요?

좋은 질문이네. 나도 궁금하고. 모두 생각해보고 다음 수업시간에 얘기해봅시다.

이메일을 주고받자마자 세스가 뉴헤이븐으로 찾아왔다. 우리는 친구들을 불러 여러 차를 시음하고 품평도 들었다.

진짜 차 맛이야.

색이 참 예쁘네.

차게 해도 이 맛이 날까?

너무 차 맛이 나는데.

화장실이 어디죠?

인도 차이

로테 그뤼체

자스민차

오지차

아삼차

이 일을 진짜 하려면 서로 왜 이걸 하는지부터 이해해야 할 것 같아요.

난 좋은 음료수를 먹고 싶어. 그리고 내 생각이 시장에서 통한다는 것도 보여주고 싶고.

전 뭔가 새로운 걸 만들고 싶어요. 그리고 어니스트 티라면 제가 관심 있는 건강, 경제적 기회, 환경 문제에 도움이 될 거 같아요.

컨설팅을 할 때 클라이언트가 내 얘기를 귀담아듣지 않는 경우가 너무 많았거든.

우리보다 우리 사업을 더 잘 안다고 생각하시죠? 하지만 교수님 의견은 현장엔 맞지 않아요.

음, 그게…

난 멩켄이 틀렸다는 걸 보여주고 싶어.

미국 대중의 지성을 과소평가한 탓에 사업에 실패한 사람은 없다.

헨리 루이스 멩켄, 미국의 문예비평가

지금 시장에는 우리처럼 라벨을 꼼꼼히 보고 먹을거리에 신경 쓰는 소비자들이 굉장히 많아. 설탕 범벅이 아닌 괜찮은 음료수를 만들면 분명히 팔릴 거야.

전 어니스트 티를 사회적 책임을 다하는 기업으로 키우고 싶어요.

그래? 난 사회적으로 무책임한 사업을 하고 싶은데.

안 웃겨요. 교수님.

회사의 미션에 우리가 중시하는 가치를 담아야 해요. 완벽할 순 없겠지만, 최선을 다해서 미션을 실현시켜야 하고요.

무슨 말인지 알아. 나도 동감이야. 난 차가 최고의 건강식품 중 하나라는 게 맘에 들어.

차를 많이 팔면 팔수록 우린 더 많은 선행을 하는 셈이야. 그게 우리가 실현할 수 있는 사회적 책임이지.

좋아요.

그런데 교수님은 학교에 매어 있으니 제가 CEO를 해야겠네요. 참, CEO가 아니라 TEA-EO죠. 교수님은 회장 하시면 되겠네요.

좋아. 그럼 난 네가 성공하도록 도울게.

CEO는 자금 마련하는 데 시간을 뺏기다가 방향을 잃곤 하지.

자금 마련은 내가 하지. 필요하면 경찰 역할도 하고.

교수님한테 딱이네요.

23

1998년 2월 2일, 세스는 집에 사무실을 차리고

경리회계 소프트웨어를 설치했다.

1일째

안녕하세요, 사서함을 만들고 싶은데요.

메릴랜드주 베데스다 사서함 20814번

2일째

카드게임을 삭제하시겠습니까?

예 │ 아니오

클릭!!

어니스트 티 역사상 가장 중요한 클릭이 이루어진 날.

3일째

사업계획
어니스트 티는 신선하고 달지 않은, 차 맛이 살아 있는 음료수를 생산 유통한다. 자연 그대로 원산지 방식 그대로 맛이 뛰어나고 건강에 좋은 차를 추구한다. 공급자, 직원, 고객 및 여러 이해관계자들과도 우리가 만드는 차만큼이나 건강하고 정직한 관계 맺기에 힘쓴다.

4일째

열 종류가 넘는 병을 봤네요.

zuckerman honickman

유리병 공급업자와 미팅

이게 우리 브랜드에 딱 맞을 거 같아요.

아주 근사하죠. 사각병은 흔히 볼 수 없죠. 이걸 만들려면 거푸집이 2개 필요한데, 1개당 9만 달러예요.

왜 사각병이 드문지 알겠군.

거푸집 없이 만들 수 있는 병은 어떤 게 있나요?

중국에서 포춘쿠키를 팔 생각을 한 적이 있습니다.

컨설팅이나 투자은행 얘기였는데.

사실 포춘쿠키는 미국 거예요. 2차대전 때 미국에 있는 중국 음식점에서 일본 과자를 본떠서 만들었거든요.

이게 뭐야?

특별한 서양과자야.

"현명한 사람은 일을 시작하기 전에 질문을 많이 한다."

부스럭

금언이란 것은 문화와 맞물려 있습니다. 그래서 금언의 본산이라고 할 중국에 포춘쿠키를 소개한 사람이 되고 싶었죠.

그다음엔…

이 얼음 덩어리는 품질이 좋네요.

똑똑한 거 같긴 한데…

하지만 비즈니스의 기본도 몰라.

우리 하버드에 있기엔 너무 괴짜야.

어쩌고저쩌고

포춘쿠키 아이디어 맘에 드는데.

너네 바이어랑 미팅 좀 잡아줄 수 있어?

지금 난 마케팅팀에 있는데, 전에 알던 바이어를 소개해줄게. 그 사람이 도움이 될 거야.

그래서 네일버프 교수가 하버드에 못 간 거야.

회사 이름을 짓고 병을 준비하고 차 제조법도 몇 가지 만들었다. 하지만 창업 자금을 마련하고, 첫 고객을 확보하고, 라벨을 디자인하는 일이 아직 남아 있었다.

8일째

예술대 교수들한테 최근 졸업생 중에 디자인에 도움을 줄 만한 사람이 있냐고 물었더니 슬로언 씨를 추천하더군요.

그러셨군요.

제품은 단순해요. 신선하고 단맛이 적은, 병에 든 차가운 차예요.

신선하고 단맛이 적다는 것을 라벨에서 드러내고 신뢰감을 줄 수 있으면 해요.

어니스트 티라고요? 그럼 다른 회사는 정직하지 않단 건가요?

홀짝!

맛있네!

지금까지 음료회사들은 설탕 범벅인 제품을 팔면서 몸에 좋은 것처럼 소비자를 기만해왔어요. 그런 허황된 슬로건에 맞서 우리는 제대로 된 천연재료를 쓴다는 걸 알리고 싶어요.

강력한 항암 요과

장수에 도움!

기억력을 높여줍니다

성기능 향상 효과

진짜라는 걸 강조하고 싶다면 옛날 지도나 차 상자 이미지를 쓰는 건 어떨까요?

honest TEA kashmiri chai

honest TEA GUNPOWDER MINT

흥미롭군요.

어떤 라벨을 좋아하세요?

무통 로실드 와인 라벨이 맘에 들어요. 예쁘고 고품질을 드러내주고 개성도 있으니까요.

차와 와인 사이에 어떤 유사점이 있나요?

요즘 차는 20년 전 와인이랑 상당히 비슷해요. 처음에 사람들은 레드 또는 화이트로 주문하는 정도였는데 그 뒤에 메를로와 샤도네이를 알게 됐죠.

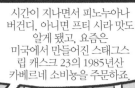

시간이 지나면서 피노누아나 버건디, 아니면 프티 시라 맛도 알게 됐고, 요즘은 미국에서 만들어진 스태그스 립 캐스크 23의 1985년산 카베르네 소비뇽을 주문하죠.

차 역시 지금은 홍차나 녹차 둘 중 하나죠.

맞아요. 아삼, 우롱, 다질링, 겐마이차 등등 이름도 모르는 게 많죠.

그러니까 차 마시며 고상한 척하는 속물들한테 파는 건 아니란 거죠?

맞아요. 맛이 뛰어난 차를 착한 가격에 팔려는 거예요.

그렇다면 예술작품 이미지를 활용해볼게요.

이 오래된 족자 그림이면 문화적 정통성을 강조할 수 있겠네요.

윌리엄 블레이크의 작품을 활용해서 자연과 연결할 수도 있고요.

Honest Tea

멋지긴 한데, 좀 더 큰 역할을 해주면 좋겠어요. 우리 브랜드 이름을 멀리서도 알아볼 수 있어야 해요.

일 시작하기 전에 보수 얘길 하죠.

성과를 공유하는 방식으로 하면 어떨까요?

일단 착수금으로 4000달러, 200만 병에서 2000만 병까지 팔리면 병당 0.2센트 어때요? 이렇게 하면 3만 6000달러를 더 받을 수 있죠.

2000만 병 팔려면 얼마나 걸릴 거 같으세요?

5년째에 실현하는 게 목표예요. 물론 200만 병 넘는 시점부터 중간정산도 할 겁니다.

좋습니다. 제 솜씨와 어니스트 티를 믿고 해보죠. 다음 주에 몇 가지 도안을 보여드릴게요.

15일째

병뚜껑을 검은색으로 했어요. 눈에 확 띄고 와인병 같은 느낌도 주거든요.

그리고 와인병처럼 앞뒤 라벨을 따로 했어요. 그 사이로 내용물이 잘 보이니 감출 게 없다는 메시지도 전할 수 있어요.

열쇠구멍처럼 T를 크게 쓰고 그 안에 그림을 배치하는 거예요. 이렇게 하면 6미터 밖에서도 알아볼 수 있어요.

멋지네요. 차 종류별로 원산지와 관련된 그림을 넣는 것도 맘에 들어요.

인도 출장에서 가져온 이 초상화도 쓸 수 있을까요?

그럼요.

라벨 디자인 완성 후 포커스그룹 인터뷰를 통해 맛을 선택했다.

19일째

이거 진짜 마셔야 해요?

그럼요. 그러니까 돈을 드리죠.

호수에서 떠온 물 같네요. 실은 그거보다 더 맛이 없어요.

지금 일본 호지차 시음할 차례인데.

좀 더 익숙한 맛으로 방향을 잡아야 할 것 같아요.

21일째

드디어 고대하던 기회를 잡았어요! 홀푸즈 구매담당자랑* 2월 27일 오전 10시에 만나기로 했어요. 샘플 만드는 것 좀 도와주세요.

알았어.

* 정확하게 말하면, 프레시필즈와 홀푸즈마켓의 구매담당자이다. 유기농 슈퍼 체인인 프레시필즈는 1996년에 홀푸즈에 인수되었고 2000년에 홀푸즈마켓으로 사명이 변경되었으므로, 이 책에선 간단히 홀푸즈로 표기했다.

25일째

← 메이플시럽

아삼차

← 꿀

모로코
민트차

그날 아침

어제 만든 차 좀 확인해볼게.

이런! 밤새 자동차에 넣어뒀는데 아직도 식지 않았어. 보온병 성능이 너무 좋아 탈이네.

샘플 차를 보온병에 담는 건 별로인 것 같아.

구매담당자 맘에 들어야 할 텐데.

그럴 거예요. 홀푸즈 고객들을 염두에 두고 만든 거잖아요.

홀푸즈 구매담당자 사무실

어니스트 티는 진짜 차 맛을 살린 음료예요.

라벨에는 차 종류별로 원산지와 연관된 그림이 들어갑니다.

TEA·
BREWED & BARELY SWEETENED

지금 홀푸즈 매장에 있는 제품은 대부분 설탕 함유량이 콜라와 비슷하고, 심지어 더 많은 경우도 있습니다.

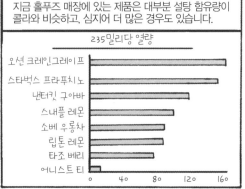

235밀리당 열량

오션 크레인그레이프
스타벅스 프라푸치노
낸터킷 구아바
스내플 레몬
소베 우롱차
립톤 레몬
타조 베리
어니스트 티

0   40   80   120   160

그냥 제품 더 들여놓으라는 얘기가 아니에요. 저희 차를 통해 새로운 접근을 해보시라는 겁니다. 제대로 된 믿을 만한 차를 통해서요.

알겠습니다. 사실 이런 차는 없거든요. 그런데 스내플이나 애리조나 같은 유력한 제품이랑 경쟁하기가 쉽진 않을 거예요.

판매전략은 있나요?

홀푸즈 매장 17군데 전부에서 무료 시음회를 해보죠.

제가 직접 할게요.

아주 좋습니다. 종류별로 3000병씩 주문할게요.

첫 주문은 공짜로 하고, 잘 팔려서 재주문하게 되면 그때부터 지불하는 걸로 하죠.

공짜라고?

사실 그러기엔 저희가 여유가 없어요. 가진 거라곤 저랑 보온병, 그리고 재활용해서 쓰는 스내플 병밖에 없거든요.

따지고 보면 보온병은 교수님 거니까, 나하고 병밖에 없는 거네.

세상에 내가 이런 말까지 하고 있다니!

좋아요. 이번은 예외로 하죠.

미팅 후

교수님 첫 주문 받았어요! 1만 5000병이요!

1만 5000병이나? 끝내주는군!

근데 그 많은 차를 어떻게 만들지?!

차 생산을 할 수만 있다면 사업은 제 궤도에 올라온 거라 할 수 있었다. 자연식품 전문회사를 몇 번 창업한 경험이 있는 조지 스칼프가 생산과정을 살펴주겠다고 왔다.

조지, 환영해요.

다들 안녕!

숙소를 아직 정하지 않았으면 우리 집에서 하룻밤 지내도 괜찮아요.

잘됐네요.

안녕!

안녕!

…89년에 유기농 재배농가로부터 공급물량을 확보했는데, 곧바로 사과에 넣는 화학첨가제 알라Alar 공포가 휩쓸었어요. 소비자들이 갑자기 유기농 사과주스를 찾기 시작했죠.

난 전에 음악을 했는데, 새로운 노래를 들으면 히트할 것 같다는 감이 올 때가 있어요. 어니스트 티의 사업계획도 딱 보는 순간 성공할 거란 느낌이 오더군요.

진짜 그렇게 생각해요?

근데 감이 틀리는 경우도 엄청 많아요. 보통 음료 사업에서는 실패하는 경우가 대부분이에요. 경쟁이 엄청나거든요. 신생기업을 먹잇감으로 삼는 상어 떼가 우글거리죠. 나 역시 상어 떼한테 수없이 물린 것 같아요.

그럼 왜 우리랑 같이하는 거예요?

업계를 떠나려던 찰나, 세스가 다시 끌어들인 거죠. 세스가 전화했을 때 막 멕시코로 떠나려던 참이었어요. 근데 얘길 들으니 밑바닥에서 새로 시작한다는 게 흥분되더라고요.

마치 음악계로 다시 돌아온 거 같아요. 세스를 록스타로 키우는 거죠.

그게 좋은 거예요?

2주 뒤

조지가 맘에 들긴 해. 근데 우리 집에서 하룻밤만 지내기로 한 거 아녔어?

음, 흠.

대체 왜 벌레 득실거리는 어수선한 지하실에 묵으려는 거지?

그리고 집 안에선 아기가 울고 밖에는 남자애 둘이 뛰어다니는데 잠이 오나?

조지는 이를테면 삶을 찾는 여행 중이야. 지금까지 무얼 헤쳐왔는지 정확히는 모르지만 회복기에 접어든 것 같아. 여유시간엔 서점에 가서 자기계발서를 읽잖아.

조지는 가족의 일원이 되는 걸 좋아하는 거 같아. 우리 집이 좀 어수선하긴 하지만.

맞아, 조지가 다시 일어서는 데 우리가 같이하고 있는 셈이지.

음, 애들도 조지를 잘 따르고 당신 회사에도 꼭 필요한 사람 같으니 잘해봐야지 뭐.

하하
하하
하하
하하하

생산라인에 여유가 없습니다.

기존 거래처 주문이 넘쳐요.

최소 주문량이 10만 병이에요.

뉴저지의 주스 공장

오싹하네. 소독약이 이렇게 나뒹굴다니.

뉴욕주 버펄로 근처 메이어브라더스 주스 공장

괜찮은 공장 하나 발견했는데, 미팅 끝나고 다시 전화할게.

저희는 제대로 된 차를 만들려고 해요. 농축액, 시럽, 가루 같은 거 쓰지 않고 진짜 찻잎을 우려서요.

흠…

어떻게 우릴 생각인가요?

이렇게 큰 마대를 거름망으로 쓰는 걸 생각해봤어요.

흠…

그리고 유기농 감미료만 쓰려고요. 사탕수수설탕, 꿀, 메이플시럽 같은 거요.

해보니까 액상과당이 최고던데. 잘 섞이고, 탱크에 담아 배달도 해주거든요.

하지만 원하시는 대로 할 수 있을 거 같군요.

그리고 당도가 낮아야 하는데, 산을 많이 넣어 산도를 낮추기보단 애초에 산도가 낮은 생수를 쓰려고 해요.

생수

음, 그런 생수를 확보만 한다면 가능할 겁니다.

라벨은 병의 앞뒤에 따로따로 붙이고 싶어요.

가능할까요?

아뇨. 병 전체에 둥글게 붙이는 것만 가능해요.

그리고 박스당 24병이 아니라 25병을 넣으려는 것 같은데요.

왜 우리가 그럴 거라 생각하세요?

우리 공장에서 안 되는 것만 요구하시기에…

하하하!

이유는 잘 모르겠는데, 우리랑 같이할 거 같아. 다음 달에 시작할 수 있겠어.

아주 좋아.

우리는 첫 생산공정에 착수할 준비를 완료했다. 재료 일체를 버펄로 공장으로 주문했다.

파워웨이 생수

홍차

설탕

메이플시럽

녹차

사탕수수설탕, 꿀, 메이플시럽은 모두 유기농으로 주문했다. 하지만 카슈미르차이에 들어갈 향신료 공급자를 찾을 수가 없었다.

당신이 만든 향신료가 아주 좋네요. 많이 주문하고 싶은데요.

지금 막 출근하려던 참이라, 나중에 퇴근하면 주문받을 수 있을 거예요. 얼마나 필요해요? 5킬로그램?

오전 6:30

90킬로그램이요.

어, 안 되겠는데요.

얼마나 주문할지 얘기했어? 대량 주문을 하겠다면 무리해서라도 하지 않을까?

그 사람은 그냥 취미로 하는 거였어요. 주말에 집 뒷마당에서 만든대요.

바로 그것 때문에 못하겠대요.

그렇다면 우리가 직접 만들지 뭐.

어떻게요? 전 스크램블드 에그 말고는 할 줄 아는 요리가 없는데요.

복잡할 게 뭐 있어? 어떤 재료가 필요한지는 알고 있으니까 제대로 섞는 법만 알면 될 거야.

흠…

계피
생강
정향
후추
오렌지 껍질
…

그렇다면 향신료 회사를 알아봐야겠네요.

41

교수님, 왜 하필 세스와 동업하세요?

세스를 처음 본 건 경영대학원 마케팅 수업이었어.

1994년

나중에 사업계획 작성 때는 지도교수였고.

성인용 기저귀에다 요도관 감염 테스트 띠를 부착하는 겁니다.

예일대 첫 사업계획서 경연대회에서 우승한 걸 축하합니다. 우리가 투자하고 싶은데요.

감사합니다. 그런데 제가 기저귀 사업에 열정을 갖고 있는지 확신이 없네요.

세스가 창업을 할 거라는 데는 의문의 여지가 없었고, 언제 무슨 사업을 하느냐가 관건이었지. 세스는 사회적 미션을 가진 사업 아이템을 찾았어.

첫 번째 사례연구는 레인포레스트 크런치예요. 토종 견과류로 캔디를 만들어 팔아 열대우림을 보존하는 사회적 벤처 기업이었죠.

아이디어 끝내주네!

그래, 근데 결국 망했어.

내 말은 사업을 통해 뭔가 변화를 만들고 그 수익으로 변화를 키울 수도 있다는 거야.

1993년 경영대학원 강의실

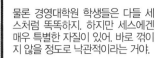
물론 경영대학원 학생들은 다들 세스처럼 똑똑하지. 하지만 세스에겐 매우 특별한 자질이 있어. 바로 꺾이지 않을 정도로 낙관적이라는 거야.

반도 안 남았지만, 나한텐 충분해.

사업가는 숙명처럼 끊임없이 거절을 당하지.

골프공 좀 사세요.

1973년 매사추세츠주 웰즐리, 네호이덴 골프장

오늘은 안 사.

숲에서 막 주워온 공이에요. 제 몸에 풀독 오른 거 보세요.

새 것 같은 공이 많아요. 2달러 내시면 공 3개에 레모네이드 한 잔을 공짜로 드려요.

이건 내가 지난주에 잃어버린 거 같은데, 돈 주고 사야 되나?

풀독 오르면서 주워온 건 저잖아요.

처음에 안 산다고 해서 포기하면 안 되지.

그 집요함이 오늘까지 이어지고 있어.

세스는 위험을 기꺼이 감수하고 모든 걸 다 거는 유형이야.

로스쿨 잘 다녀.

중국 잘 갔다 와.

1987년 6월 하버드대학교

중국에 간 세스는 낮에는 영어를 가르쳤어.

마틴 루터 킹 목사는 '나는 꿈이 있습니다'라는 연설을 통해 더 나은 세상에 대한 꿈을 얘기했어요.

베이징 외교학원

늦은 밤에는

30분 있으면 마감이야. 자오쯔양이 정치국원이 된 게 언제지?

1979년.

04:30

워싱턴포스트 중국 지사에서 일했지.

1년 후

你现在回家吗?

是的, 回去做总统工作. 之后, 我就去俄罗斯教书.

(이제 귀국하는 거야?)

(응. 대통령선거 운동원으로 일할 거야. 그다음엔 러시아에 가서 가르치려고.)

1988년 텍사스주 롱뷰

안녕, 줄리 파카스예요. 텍사스에서 민주당 지지율을 높이도록 도울 거예요.

Dukakis Bentsen

Bentsen

이번 달에 개최한 행사 중에 최고였어. 수고 많았어요.

감사합니다, 상원의원님.

첫 행사치곤 나쁘지 않았어요. 근데 공화당원을 설득해서 유정탑을 빌려 쓰다니 정말 대단했어요. 우린 멋진 팀이에요.

고마워요. 이 동네 사람들은 다들 우리가 커플이라고 생각해요. 우리 둘 다 이 동네에 어울리는 사람은 아닌데.

몇 달 후에 러시아에 가서 영어를 가르칠 생각인데, 혹시 같이 갈래요?

1989년 모스크바

러시아에서 돌아온 세스는 지역봉사단체인 아메리코어의 시범사업프로그램 담당자로 일을 했어. 그 뒤 예일대 경영대학원에 등록했고, 다른 학생들과 같이 비영리조직 넷임팩트를 창립했어. 변화를 이끄는 도구로서의 비즈니스에 관심을 갖고, 졸업 후엔 사회적 책임 투자를 지향하는 투자회사 캘버트에 입사했어.

세스, 세상을 바꾸는 일은 비영리조직만이 아니라 비즈니스를 통해서 더 많이 할 수 있어.

웨인 실비,
캘버트 공동창업자

바이오 기술을 통해 기아 문제를 해결할 수 있습니다.

로버트 샤피로,
몬산토* CEO

1997년 세스는 캘버트에서 사회적 책임과 관련한 컨퍼런스 조직을 맡았어.

몬산토에서 기아 문제 해결을 위해 이 자리에 참석한 것은 높이 평가합니다. 그러나 유전자 재조합 축우용 성장호르몬은 판매 중지해주실 것을 요청합니다.

게리 허시버그,
스토니필드팜** CEO

소에게 비인도적일뿐더러 사람의 건강에도 좋지 않습니다.

우리 스토니필드는 성장 호르몬을 쓰지 않는 낙농가에서 원료를 공급받습니다. 그런데 회사 규모가 크지 않기 때문에 수천 마리의 소와 수십만의 소비자에게만 영향을 미칠 뿐입니다.

몬산토 같은 거대 기업에서는 가축의 건강을 향상하고 자체 면역력을 키워주는 사료보충제를 유기적 방식으로 개발하는 데 기술력을 투입할 수 있을 겁니다.

수억 달러의 이윤을 거둘 수 있고, 수십억의 삶을 향상시킬 수 있어요.

저 사람은 거리낌 없이 있는 그대로 얘기하는구나. 나도 좀 더 행동하는 사람이 되어야겠어!

★ 유전자 변형 종자 및 살충제를 개발하는 다국적농화학기업. —옮긴이   ★★ 미국 최대의 유기농 요구르트 생산·판매업체. —옮긴이

목표가 있으면 세스는 엄청난 스태미나를 발휘해. 이게 신생기업에겐 아주 중요해. 경영은 단거리 경주보단 마라톤에 가깝거든.

세스, 네가 1등이야.

16km

도넛 빨리 먹기

세스의 이런 자질이 동업자로서 딱 이야. 나와 서로 보완이 되거든.

개념화하는 사람	보호자
논리적 분석적 사실 추구	의무감 세심함 도움 주기
조직적 실용적 외향적	낙관적 열정적 가치 추구
조정자	열성가

제일 중요한 것은 동업자와 시간을 가장 많이 보낸다는 사실이야. 그러니 같이 있을 때 즐거워지는 사람이어야지.

진부하게 들리겠지만, 세스는 내가 더 나은 사람이 되도록 해주거든.

세스라면 어떻게 할까?

흠…

우리는 고객들이 라벨을 꼼꼼히 살펴볼 것이라고 생각했다. 당시엔(그리고 지금도) 광고할 여력이 없었으므로 병 뒷면 라벨이야말로 우리가 무얼 하고 다른 음료수와 어떻게 다른지를 알릴 최상의(그리고 유일한) 공간이었다.

물론 본격적으로 차 생산에 들어가기 전에 라벨 문구를 쓰고 재빨리 인쇄해야 했다.

앞면

뒷면

뭔가 친근한 느낌을 줘야 해요. 그냥 우리 얘길 넣으면 어떨까요?

우리는 목이 말랐습니다. 진짜 차 맛이 나는 음료를 찾았지만 없었죠. 그래서 직접 만들었습니다. 어니스트 티는 엄선한 홍차, 녹차, 그리고 허브를 생수에 우려 곱게 걸렀으며, 너무 달지 않습니다.

침전물이 있으니까 '곱게 걸렀다'는 말은 좀 그런데, 차 맛이 뒤집어질 정도로 획기적이진 않다는 것도 알려야 하고. 이건 어때?

우리는 목이 말랐습니다. 진짜 차 맛이 나는 음료를 찾았지만 없었죠. 그래서 직접 만들었습니다.

어니스트 티는 생수에 우려냈으며 단맛이 매우 적습니다. 종류마다 그윽한 고유의 향이 있으며, 엄청 달고 차향만 넣은 기존 음료에비해 열량은 1/6에 불과합니다.

마무리가 좀 부정적인데요.

목이 말랐습니다. 맛이 나는 료를 찾았지만 없었죠. 그래서 직접 만들었습니다. 어니스트 티는 생수에 우려냈으며 단맛이 매우 적습니다. 종류마다 그윽한 고유의 향이 있으며, 엄청 달고 차향만 넣은 기존 음료에비해 열량은 1/6에 불과합니다.

하지만 사실 이잖아.

좋아요. 그럼 하나만 바꿔요.

우리는 목이 말랐습니다. 진짜 차 맛이 나는 음료를 찾았지만 없었죠. 그래서 직접 만들었습니다. 어니스트 티는 생수에 우려냈으며 단맛이 매우 적습니다. 종류마다 그윽한 고유의 향이 있으며, 엄청 달고 차향만 넣은 기존 음료에 비해 열량은 1/6에 불과합니다.

거의 없습니다

병 아래의 침전물은 어떻게 하죠?

덧붙이는 말을 넣자. 그걸 장점으로 바꾸는 거야.

진짜 차 맛이 나는 음료들 찾았지만 없었죠. 그래서 직접 만들었습니다. 어니스트 티는 생수에 우려냈으며 단맛이 거의 없습니다. 종류마다 그윽한 고유의 향이 있으며, 엄청 달고 차향만 넣은 기존 음료에 비해 열량은 1/6에 불과합니다.

덧붙이는 말: 질 좋은 와인이 그렇듯 저희 음료에는 천연침전물이 있습니다. 타사 제품과 달리 자연 그대로 정직하게 만들었기 때문입니다.

마무리가 너무 경쟁적인데요.

티는 생수에 우려냈으며 ...의 없습니다. 종류마다 그윽한 고유의 향이 있으며, 엄청 달고 차향만 넣은 기존 음료에 비해 열량은 1/6에 불과합니다.

덧붙이는 말: 질 좋은 와인이 그렇듯 저희 음료에는 천연침전물이 있습니다. 그렇지만 아이들이 말하듯이 사소한 건 무시하세요.

덧붙이는 말은 재미있고 긍정적이어야 해요. 녹차에는 이렇게 할 수 있겠네요.

...습니다. ...에 우려냈으며 ...다.

그윽한 고유의 향이 있으며, 엄청 달고 차향만 넣은 기존 음료에 비해 열량은 1/6에 불과합니다.

덧붙이는 말: 연구 결과에 따르면 저희 모로코민트차에는 대표적 항산화제인 EGCG가 브로콜리의 20배 이상 들어 있습니다.

카슈미르차이에는 이렇게 써볼까?

HONEST TEA T KASHMIRI CHAI

덧붙이는 말: 차게 혹은 뜨겁게 먹어도 좋고 우유를 섞어도 좋습니다. 창업자 배리는 피자와 같이 즐깁니다.

사실 이잖아.

우리가 보내는 말이니까 서명도 해야겠네요.

스캔해서 넣으면 되겠네.

진심을 담아서. 세스와 배리

Seh + Barry

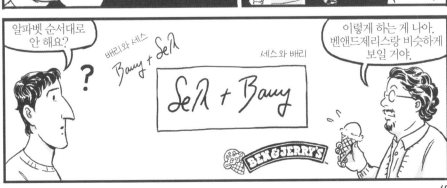

알파벳 순서대로 안 해요?

배리와 세스 Barry + Seh

세스와 배리

Seh + Barry

이렇게 하는 게 나아. 벤앤드제리스랑 비슷하게 보일 거야.

BEN & JERRY'S

49

슬로건도 만들어야죠. 이건 어때?

REAL TEA, REAL TASTE, NO SH*T
진짜 차, 진짜 맛, 헛소리 아님

농담이죠?

아닌데. 모든 원료가 고품질에 우리가 진실을 말하고 있다는 걸 동시에 보여줄 수 있잖아.

제 생각은 달라요. 우리 고객은 성인이고, 스케이트보드가 아니라 요가를 즐기는 데다 수준 높은 공영라디오방송을 듣는 사람들이라고요. 이렇게 해요.

FRESHLY BREWED AND BARELY SWEETENED
신선하게 우려내고 거의 달지 않은

약간 재미없긴 하지만, 우리 제품의 핵심을 잘 보여주는군.

몇 주 뒤

뒷면 라벨 문구는 괜찮은데, 아무래도 슬로건은 별로인 거 같아요.

보리로 단맛을 냈다고? 대체 무슨 맛이지*

TEA FRESHLY BREWED & BARLEY SWEETENED

HONEST TEA

이렇게 하죠. REAL TEA, REAL TASTE, HONEST.

* 거의 달지 않다는 뜻의 barely를 멀리서 보면, 보리를 뜻하는 barley로 착각할 수 있다. —옮긴이

사람들은 입맛이 다 달라요.

맞아. 그래도 곡선의 정점으로 이동시키진 않을 거 같네.

왜일까?

아직도 여기

설탕 양을 줄여서 비용을 절감하려는 거죠.

또 다른 건?

칼로리요!

소비자들은 맛 외에도 비용과 칼로리에 민감하지.

다이어트 콜라

바로 여기서 경제학 개론이 다시 등장합니다.

그렇지만 소비자들은 칼로리를 줄이고 우리는 재료비를 아낄 수 있지.

곡선의 정점은 항상 평평하지. 그러니까 설탕을 줄여도 맛이 떨어지지는 않아.

맛

설탕

설탕을 줄이면 유기농 꿀이나 아가베, 메이플시럽을 사용할 여유가 생긴다는 말이기도 하고.

다시

메이플

이상적인 음료는 소비자의 전반적 행복감을 극대화해주지.

맛/설탕 곡선을 라벨에 표시한 회사는 우리가 유일해.

소비자들이 이 말을 제대로 이해할 수 있다고 생각하세요?

소비자들이 스스로 생각하길 바라는 거지.

놀랍네! 이렇게 맛이 좋은데 30칼로리밖에 안 되다니.

소비자들이 맛만 보고 선택하는 건 아니라는 거죠. 설탕을 줄여서 제품 전체의 가치를 높이는 거네요.

소비자들은 그냥 하는 말이라고 생각할걸요.

그럴 수도 있지. 하지만 시간이 지나면 제대로 알고 다시 우리 제품을 선택할 거라고 믿어.

최근 몇 년간 1000곳이 넘는 찻집이 문을 열었어요. 자연식품 매출은 115억 달러에서 2003년에 500억 달러까지 증가할 걸로 추정되고요.

펑
펑
자연식품
115억 달러
500억 달러
2003년

좋아. 매출 1억 달러 달성을 믿는 투자자가 진짜 있다면 1억 달러 유치도 가능하겠지. 지금 현실은 운이 좋아야 500만 달러일 테지만.

어느 쪽이든 판가름 나겠죠. 지금 평가가 낮아 소수 투자자만 참여한다면 나중에 성공할 경우 몫이 커지는 거잖아요.

아주 다르게 접근하는 건 어떨까?

사업 가치 추정치가 얼마입니다 하는 대신. 우리가 성공하는 수준에 따라 투자자들이 투자수익을 회사 지분으로 가져가게 하는 거야.

무슨 말씀 이세요?

우린 100만 달러가 필요해. 예를 들어 신규회사 가치를 500만 달러라고 해보자.

보통은 100만 달러 투자한 투자자는 회사 지분 20%를 갖게 되지. 우린 80%를 보유하고.

창업자
80%
20%
투자자

그런데 아예 처음에 투자자에게 100% 지분을 주는 거야. 우리는 나중에 투자원금을 2배 이상 키우는 순간부터 수익을 투자자와 공유하고.

투자자 100%

자세히 말씀해 보세요.

고마워요!

주당 1달러씩 100만 주를 투자자들에게 파는 거야. 창업자인 우리는 장기매입옵션 100만 주를 보유하는 거지. 일정 기간 후 주식을 주당 2달러, 3달러, 5달러, 10달러, 15달러에 우선 매입할 수 있는 신주인수권 형태로 말야.

2달러
3달러
5달러
10달러
15달러
신주인수권

복잡해 보이는데요. 아무도 이해 못할 거 같아요. 저도 그렇고요.

이해하기 힘들 수도 있어. 그렇지만 투자자들은 큰 그림을 이해할 거야. 그들에게 훨씬 유리한 조건이니까.

우리가 보유할 신주인수권은 현재 가치가 전혀 없어. 설령 나중에 회사를 성장시켜서 주당 가치를 2달러로 키워도 우리 몫은 전혀 없을 거야.

가치 0

회사 가치를 3배 정도로 키워야 신주인수권이 가치를 갖게 돼. 주당 3달러가 되면 매입 행사가격 2달러인 신주인수권은 1달러 가치를 갖게 되는 거지.

주당 3달러	
투자자	100만 주 =300만 달러
창업자	행사가격 2달러 신주인수권 100만 주=100만 달러 기타 신주인수권 가치 =0달러

그렇게 되면 회사 가치는 400만 달러가 되고, 우리 지분은 25%가 되는 거지.

회사가 성장하면서 우리 몫도 커지게 돼. 회사 가치를 4000만 달러까지 키운다면 주당 12달러가 되지. 그 경우라면 우리가 보유한 신주인수권은 총 2800만 달러의 가치를 갖게 되는데 지분으로 따지면 70%야.

주당 12달러	
투자자	100만 주 = 1200만 달러
창업자	행사가격 2달러 신주인수권 100만 주 = 1000만 달러 행사가격 3달러 신주인수권 100만 주 = 900만 달러 행사가격 5달러 신주인수권 100만 주 = 700만 달러 행사가격 10달러 신주인수권 100만 주 = 200만 달러 행사가격 15달러 신주인수권 = 0달러 합계 2800만 달러

그러니까 창업과 동시에 우리가 지분을 보유하게 되는 게 아니라 우리 지분을 사실상 벌어들여야 한다는 얘기죠?

회사 가치가 커지면 주가가 오르고 우리가 보유한 신주인수권도 가치가 발생하게 되지만 회사를 2배로 키우는 데 그치면 한 푼도 못 건지는 거네요.

바로 그거야. 보통은 회사가 돈을 벌수록 창업자들 지분이 줄어들지. 하지만 우린 회사 가치를 계속 키울 수만 있다면 우리 몫도 커지는 거야.

일반적인 방법은 아니지만, 우린 그동안 뭔가 다른 방식으로 해왔으니 괜찮을 거 같아요.

잠깐, 경영권을 잃게 될 수도 있잖아요? 우리가 최대주주가 아닌데 어떻게 경영권을 유지하죠?

좋은 지적이야. 투자자들은 최소한 초기 10년간은 우리에게 우호적으로 지분을 행사하겠다고 먼저 동의해야지.

이해를 돕기 위해서 여기서는 수치를 단순화하여 설명했다. 실제로는 최초 124만 주를 50센트에 발행했고, 신주인수권 80만 주를 행사가격 1달러, 1.5달러, 2.5달러, 5달러, 7.5달러로 발행했다.

조지가 좋긴 한데, 엘리가 수술받을 동안 가족끼리 시간을 좀 보내야 하지 않을까?

내 친구 로렌스가 음료수 공장에서 품질관리 책임자로 일하고 있으니까 만나봐.

제조법을 확정하는 데 도움을 받을 수 있을 거야. 난 공장을 쭉 둘러보면서 첫 생산에 차질이 없도록 체크하고 올게.

그래. 몇 주 후에 버펄로에서 봐.

괜찮겠어?

길을 찾아봐야지.

다행히도 줄리의 직장 의료보험 덕에 수술을 받을 수 있었다.

오전 6:30

아빠 저기 봐. 벌이야!

수술했으니 좋아질 겁니다. 엘리의 대동맥이 대부분 막혀 있어서 피가 거의 흐르지 못하는 상태였어요.

대동맥궁

대동맥 판막

집중치료실

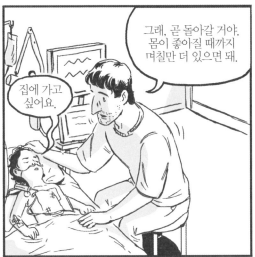

그래, 곧 돌아갈 거야. 몸이 좋아질 때까지 며칠만 더 있으면 돼.

집에 가고 싶어요.

2일째

3일째

4일째

5일째

아이는 어때요?

회복 중인데, 퇴원하면 한결 맘이 놓일 거 같아요. 늦은 시간에 여기까지 와줘서 고마워요, 로렌스.

괜찮아요. 야간 근무가 11시에 끝나거든요.

산을 좀 넣어서 차의 PH 농도를 유지해야 병 속에 박테리아가 증식하지 못한다는 것은 알고 있어요.

레몬주스를 넣으면 아삼차는 이런 맛이 나죠.

왜 사람들이 설탕을 그렇게 많이 넣는지 알겠네요. 맛을 크게 바꾸지 않으면서도 쓸 수 있는 산은 없을까요?

자, 구연산을 넣은 거예요.

좀 낫긴 한데 여전히 맛이 많이 달라지네요. 다른 거 없을까요?

음, 사과산이 있어요. 사과에서 채취하는 천연 산인데, 마셔봐요.

훨씬 낫네요! 홍차에는 사과산을 쓰고 녹차에는 구연산을 쓰면 되겠어요.

6일째

이제 퇴원해도 될 거 같아.

제조법, 재료, 차 거름망도 다 준비했지만, 여전히 미처 생각하지 못한 게 많을 것 같았다.

지금은 새벽 3시
난 외로울 수밖에 없어

때론 모든 게 두려울 수밖에 없어

세스는 차에 넣을 향신료를 90킬로그램 가까이 싣고 버펄로로 향하면서 들떠 있었다. (향이 하도 강해서 자동차에 방향제를 쓸 필요가 없을 정도였다.)

찻잎 일부가 여전히 젖지 않네.

망에 찻잎을 너무 많이 넣어서 그런 거 같은데. 물이 순환할 공간이 충분하지 않아.

으음, 펌프를 쓰면 막히지 않고 차를 추출할 수 있을지 보자구.

부르르르

치익

63

라벨 공장

우린 보통 샴푸통에
라벨 붙이는 작업을 하는데,
이번 일도 어쨌거나
잘 해냈어요.

포장 필름을 수축시키는
열풍터널이 없어서
요령껏 일을 했어요.

윙~

와, 정말 깜짝 놀랐어.

40번째 생일 축하합니다!

서프라이즈!

놀랄 게 더 있어요. 축하해야 할 생일이 또 있거든요.

짜잔~!

라벨 공장에서 곧장 오는 길이에요. 우리가 만든 첫 제품이에요.

꿈이 아니구나. 내가 바란 그대로 나왔네.

세스, 제프 맥클리스라고 내 대학 동창이야.

이 차 정말 끝내주네요.

어떻게 해야 투자할 수 있을까?

오스터 교수님, 안녕하세요.

안녕 세스. 괜찮은 사업 아이디어네.

근데 시장에서 성공하긴 힘들 거야.

너무 많이 팔리지 않았으면 좋겠어요.

무슨 말이야?

실은 그렇게 많이 만들어낼 수도 없구요. 이런 방식이면 만들수록 손해예요.

수익성을 실현할 방편만 찾으면 괜찮을 거야.

찻잎 ··· 4센트
생수 ··· 1센트
과일퓨레 및 식물성 재료 ·························· 3센트
꿀, 설탕, 아가베시럽 ···························· 4센트
인증 비용(유대교 식품적법 인증, 미 농무성 유기농 인증)·· 1센트
총 재료비 ·································· 병당 13센트

찰칵   찰칵   찰칵

찰칵

필러

병
8.7센트

뚜껑 닫는 기계

냉각 터널

병뚜껑
3.4센트

종이상자
1.3센트

HONEST TEA

운반대 사용료
0.7센트

공장사용료
(인건비, 전기료, 설비사용료)

11센트

라벨

1.4센트

라벨기

6센트

운송비

HONEST TEA

HONEST TEA

재료비	13센트
포장비	15.5센트
공장사용료 및 운송비	17센트
합계	병당 45.5센트*

* 1999년 연평균 환율 1,130.4원으로 환산하면 514원 정도이다. —옮긴이

경제학에는 오래된 질문이 있어. 최상급 플로리다산 오렌지는 왜 플로리다가 아니라 뉴욕에서 팔릴까?

저기 교수님, 다시 말씀해주시겠어요?

집중해서 들어요. 이번 수업 내용은 다음에 쓸 책에도 들어갈 거야.

뉴욕 사람들이 플로리다 사람들보다 부유하잖아요. 비싼 가격을 기꺼이 치르니까 최상급 오렌지를 살 수 있는 거죠.

플로리다 주민들은 뉴욕 시민만큼 잘 살아. 사실 상당수가 뉴욕 출신이라구.

뉴욕 소비자들이 더 꼼꼼해서예요!

플로리다 사람들은 오렌지가 대단한 거라고 생각하지 않지만, 뉴욕 사람들은 좋은 오렌지라면 기꺼이 돈을 더 치르죠.

좋아. 그럼 경제학적으론 어떻게 설명할 수 있을까? 왜 플로리다는 최상급 오렌지를 다른 주에 팔까?

저희 집이 수출업을 하는데요, 최상급 제품만 수출해요.

그렇다면 수출품 품질이 최상급인 이유는 뭘까? 상급 제품을 수출하면 안 될까?

상급   최상급

해외 바이어 들이 훨씬 더 까다롭거든요.

그것도 마케팅 차원의 설명이고, 이제 경제학적 고민을 해봅시다.

이 의문은 바로 '보모의 정리'로 풀 수 있어요.

여기 같은 연령대에 소득수준이 동일한 두 부부가 있다고 합시다.

뭐 하지?

영화 보러 가자.

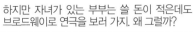

하지만 자녀가 있는 부부는 쓸 돈이 적은데도 브로드웨이로 연극을 보러 가지. 왜 그럴까?

연극이 언제 시작해?

7시.

예전에 보모 아르바이트를 했는데 하루 저녁에 40달러를 받았어요. 40달러 치르면서까지 영화 보러 나가는 사람은 없어요.

보모 비용을 감안하면, 저녁에 영화 한 편 보는 데 60달러나 드니 비용 대비 가치가 없는 셈이지.

외출하는 데만 40달러가 든다면, 근사하게 보내고 싶지 않겠어?

아, 알았다. 오렌지도 같겠네요. 플로리다에서 상급 오렌지 1개가 5센트라면 최상급 오렌지는 10센트까지 하겠죠. 그런데 뉴욕까지 운송하는 비용이 똑같이 개당 1달러라면

5센트짜리 오렌지를 보낼 이유가 없어요. 어차피 뉴욕에서는 5센트가 큰 차이가 아닐 테니까요.

그게 바로 경제학적 설명이야. 운송비가 원제품 가격에 비해 높을 때는 최상급 제품을 보내는 것이 이치에 맞는 거지.

뉴욕

이런 논리가 어떻게 어니스트 티에 적용될까?

교수님한테는 병이 보모와 같은 거죠. 비싼 병에 싸구려 차를 담는 것은 말이 안 돼요.

바로 그거야.

70

이런 유리병을 사서 내용물을 채운 다음

생산라인을 거쳐서 뚜껑을 닫고, 라벨을 붙이고,

상자에 포장한 뒤 도매망을 통해서 소매점에 운송하는 데까지 총 비용은 32.5센트 정도 들어.

차의 원가는 생산유통비용 중 가장 적어. 경쟁사들은 차 재료에는 병당 1센트도 쓰지 않아. 반면에 우린 질 좋은 차에 4센트, 그리고 과일퓌레와 유기농 감미료에 8센트를 더 쓰지.

소비자들은 그 차이를 알아. 온전한 찻잎을 우려 만든 고급 차는 가루와 찌꺼기로 만든 차보다 맛이 훨씬 좋거든.

우리가 찻잎에 쓰는 비용은 다른 회사보다 4배나 많지만, 전체 비용에서는 여전히 아주 작은 부분에 지나지 않아.

	일반 제품	어니스트 티
$0.50		차
$0.45	차	물 / 감미료 / 향신료
$0.40	물 / 감미료 / 향신료	
$0.35		운송
$0.30	운송	
$0.25		생산라인 / 라벨및 병뚜껑
$0.20	생산라인 / 라벨및 병뚜껑	
$0.15		
$0.10		병
$0.05	병	
$0.00		

그렇다면 다른 회사들은 왜 질 좋은 재료를 쓰지 않는 거야?

말로야 "지구상에서 가장 좋은 재료로 만들었습니다."라고 하지.

유기농 감미료는 액상과당에 비해 3배 이상 비싸지만, 실제 사용량은 1/3에 불과하기 때문에 결국 비용은 같아. 다른 회사들이 왜 더 좋은 재료를 쓰지 않는지 도무지 모르겠다니까.

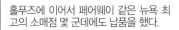

홀푸즈에 이어서 페어웨이 같은 뉴욕 최고의 소매점 몇 군데에도 납품을 했다.

FAIRWAY
"Like No Other Market"®

그렇지만 문제는 판로를 확대하는 일이었다.

재주문 처리하는 게 문제예요. 매주 뉴욕까지 운전해서 갈 순 없어요.

그래도 뉴욕의 실적이 활로를 여는 데 도움이 될 거야.

맞아요. 인턴을 뽑아서 배달하고 있으니까 곧 성과가 있겠죠.

줄리는 출근길에 노숙자쉼터에 차를 가져다주고,

교수님은 예일대가 있는 뉴헤이븐을 커버하고,

아버지*도 케임브리지 지역에 배달해주고 있는데

이렇게 해서는 지속가능하지도 않고 규모를 키울 수도 없어요. 기존 고객들에게 제대로 배달하는 게 급선무예요.

스내플 같은 기존 음료회사의 유통망을 활용하는 건 어때?

마침 동부지역 최고의 유통회사와 미팅하기로 했어요. 뭔가 방법이 있겠죠.

＊러시아 경제 전문가인 마셜 골드먼 하버드대 교수. —옮긴이

호니크먼그룹★

캐나다 드라이 포토맥
캐나다 드라이 델라웨어밸리
캐나다 드라이 보틀링 필라델피아
캐나다 드라이 뉴욕

해럴드 호니크먼 회장

★ 펩시, 세븐업, 스내플, 닥터 페퍼 등 유명 음료 브랜드를 배급하는 유통회사. —옮긴이

어니스트 티가 다른 제품과 어떻게 다른지 이걸 보면 분명히 아실 겁니다.

달지 않고 풀 냄새가 나네요. 게다가 너무 비싸서 가격 경쟁력이 없어요.

기존 판매처에서는 잘 팔리고 있는데요.

그렇지만 다른 회사 제품만큼 팔리는 건 아니죠.

어쨌거나 스내플과의 계약 때문에 다른 차를 취급할 순 없어요.

어떻게 됐어?

더 잘할 수 있었는데….

안 된대?

같이하자고 말하진 않았어요. 아직은요. 그건 그렇고 대학 친구가 보스턴에서 저랑 같이 판촉행사 해주기로 했어요.

19 식품박람회에 가다

식품박람회에 오신 걸
환영합니다

1998년 6월 뉴욕 재비츠센터

똑같은 제품을 내놓은 회사가
정말 많아요!

경쟁이 얼마나
치열한지 알겠네.

비스코티 파는 부스가
백 개는 될 거 같아요.

맞아. 내가 절반 넘게
시식했거든. 더 이상
못 먹을 거 같아.

오, 러스크!
이건 맛 좀
봐줘야 해!

고메이코네. 저긴
고급 치즈와 올리브유
유통업체야.

전 배리예요.

어니스트 티의
TEA-EO
세스입니다.

TEA-EO라니
아주 창의적인데요.
전 멜라니예요.

저희 차 좀 맛보실래요?
염소치즈랑 잘 어울릴 거
같은데요.

나중에 부스에 들를게요.
이 행사엔 구매가 아니라
판매 목적으로 왔거든요.

사실 우린 부스가 없어요.
이제 막 시작했거든요. 이게
첫 번째 행사예요.

놀랍네요! 전혀 기대하지 못했던
맛이네요. 너무 달지 않고
집에서 만든 것 같아요.

감사합니다.

사실 집에서 만든 차보다 낫다고 생각해요. 신선한 찻잎과 생수를 쓰고 시간과 온도를 제대로 맞춰서 만들었거든요.

여기 나온 소매업자들이 유통회사로 고메이코를 추천하더군요.

제품이 마음에 드네요. 저희 사장님이 볼 수 있게 버지니아 본사로 샘플 좀 보내주시겠어요?

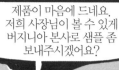

물론이죠. 바로 보낼게요.

몇 주 뒤

좋은 소식이에요! 어니스트 티를 취급하기로 했어요. 그리고 다음 주에 자이언트푸드 구매담당자랑 미팅하는데 같이 가실래요?

물론입니다!

고메이코에서 온 멜라니예요. 3시에 구매담당자와 약속이 있는데요.

오후 2:45

같이하게 돼 정말 기뻐요. 구매담당자가 CEO를 직접 만나는 것도 굉장한 일이구요.

TEA-EO 예요.

맞다, TEA-EO.

미팅이 늦어지는 건 종종 있는 일이니까 걱정 마세요.

오후 3:15

가서 좀 알아볼게요. 구매담당자는 정말 좋은 사람이거든요.

오후 3:45

일이 생겼어요. 미안하지만 얘기할 시간이 없네요. 샘플과 설명서 두고 가세요.

헛수고하게 해서 정말 미안해요.

괜찮아요. 서로 잘 알게 됐잖아요. 그리고 잠깐 보긴 했지만, 구매담당자가 안 된다고 한 것도 아니고요.

오후 4:35

다음 날

자이언트푸드에서 어니스트 티 제품을 받겠대요. 구매담당자가 어제 일을 미안하게 생각하는 거 같아요.

우리 매출액의 1%를 예일대에 기부한다니까요.

예일대 구내식당

…

예일대 사업계약부

별도 취급 품목을 넣어야 하는데요. 우유와 두유 같은.

그렇게 하시죠.

미안합니다만 안 될 거 같아요. 이미 코카콜라와 독점 계약을 진행하고 있어요.

과채 음료요.

좋아요. 우린 취급 안 하니까.

예일대 이름 붙은 생수와 기타 예일대에서 개발한 제품도요.

'기타'라, 뭔진 모르겠습니다만 그렇게 하죠.

그날 저녁

예외 제품에 포함시켰어!

계약부서 책임자랑 결혼한 보람이 있네.

길게는 못 갈 거야.

뭐라고?

좋아요 엄마!

나도 좋아. 그곳의 독점 판매권도 얻게 될 테니까!

아트스페이스라는 지역 예술단체가 있는데 내 도움이 필요하대. 그리로 옮기고 싶어.

얼마 뒤 어니스트 티는 예일대 구내식당과 아트스페이스에 납품하게 되었다.

77

1998년 여름, 사무실을 마련하고 경영 대학원생 둘을 인턴으로 채용했다.

이제 매장에 납품하기 시작했으니까 잘 팔리는 걸 보여줘야 해.

우리 지역에 있는 홀푸즈 매장 17곳에서 시음회를 할 거야. 8월에 각 매장당 4시간씩 8번 열 예정이야.

시제품 양이 엄청나겠네요.

엄청 서 있어야 하고.

파는 것보다 시음에 쓰는 게 더 많을지도 몰라. 그렇지만 지금 이 매장들에서는 반드시 성공해야 돼.

음료수

시음하세요

공짜

무료예요

새로 나온

달지 않은

차예요!

여름이 끝날 무렵, 우리 제품은 이 매장 들에서 가장 많이 팔리는 차가 되었다.

우리는 제품 인지도를 높이는 데 늘 비정통적인 방식을 택했다.

의원님 안녕하세요. 의사당에 저희 어니스트 티를 납품하고 싶습니다.

뉴저지주 상원의원 밥 토리첼리

토리첼리 상원의원은 적절한 대상 고객이 아니었던 것 같다. 얼마 뒤 그는 불법 선거자금 수수 의혹에 휩싸여 재출마를 포기했다.

이 외에 대부분의 마케팅은 입소문이었다. 투자자들 또한 우리 회사를 널리 알리는 데 도움이 됐다. 때론 음료 전문 매체에 글을 남기는 이도 있었다.

1999년 9월

앤드루 토비아스*
Money and Other Subject

내가 어니스트 티를 언급한 적이 있었던가? 예일대 경영대학원 교수 한 사람이 그 회사 제품을 처음 보여주었을 때 이름이나 전체 분위기가 매우 맘에 들었다. 그 교수와 젊은 마케팅 전문가가 작게 시작한 사업이었는데, 사실 처음엔 그 차가 싫었다. 그 교수가 서류가방에서 차를 꺼내더니 시음하라며 불쑥 권했기 때문이다.(생각해보라, 송년파티에서 미지근한 차를 마시는데 맛이 제대로 나겠는가) 그런데 얼음에 차게 해서 또는 따뜻하게 데워 마시니 맛이 훨씬 좋았고, 나는 심지어 작은 지분이지만 투자도 했다. 몇 달 전엔 유기농 식료품점 파이어마켓에 종류별로 한 상자씩 주문하도록 부탁한 일도 있다.

어젯밤 파이어마켓에 다시 들렀더니 어니스트 티 진열 공간이 훨씬 넓어졌고 병이 꽉 들어차 있었다. 이것이 무엇을 의미할까? 나 말고도 이 제품을 구입하는 이들이 있다는 것이다. 사람들이 좋아한다는 얘기다. 이제 내가 무일푼으로 삶을 마칠 염려는 없을 듯하다!

해피 뉴 이어 1999

맛 한번 보세요!

우리 회사의 판매원이나 마케터가 된 것처럼 열성을 보이는 고객도 적지만 점점 늘었다.

모로코민트차가 떨어졌다구요. 다시 채워놓지 않으면 딴 데 가버릴 거예욧!

CUSTOMER SERVICE

세스나 배리의 엄마가 아님

더욱 고무적인 것은, 우리 팬 중에는 매장 관리자들에게 힘을 쓸 수 있는 구매담당자들도 있었다는 것이다.

와일드오츠마켓의 본사 구매담당자가 60개 매장 관리자에게 보낸 편지

WILD OATS

제 얘길 귀담아들으세요. 어니스트 티는 성공할 겁니다. 설탕 범벅이 아니면서 맛이 뛰어난 유일한 차거든요. (저 같은) 소비자들이 오랫동안 바라던 그런 음료죠. 그러니 당장 매장에 들여놓으세요!

★ 하버드대 경영대학원 출신의 투자 및 정치 전문 저널리스트로 미국 민주당 전국위원회 재정담당자이기도 했다. ─옮긴이

빠직

이런!

집에 갔다가 몬태나주까지 비행기 타고 가서 크로족 파트너들을 만나야겠어.

행운을 빌어. 이 눈보라 속에 운전이라니.

내가 직접 병에 담는 수밖에 없겠네.

피츠버그 남부

이러다간 영영 못 가겠군.

터널에서 속도를 낼 수 있을 거야.

난 아직도

내가 찾아 헤매는 걸 찾지 못했어요

오랜 시간 버스를 타고 베데스다로 돌아왔다.

됐어. 이제 식품박람회장으로 보내기만 하면 돼.

몬태나주

새벽 2시

안녕하세요!

테레사 센즈 파트 홈

안녕하세요!

로빈 밸리

페퍼민트를 구입하겠다고 처음 전화했을 때, 사실 좀 미심쩍었어요.

우리 문화를 이용해 돈 벌려는 사람들이 수없이 많았거든요.

그래서 이렇게 직접 찾아온 겁니다.

미국 원산의 차를 크로족과 함께 만들게 되어 영광입니다.

이 페퍼민트차는 제대로 된 맛이 나는군요.

크로부족재단에서 운영하는 위탁 가정

차 판매로 얻는 수익은 우리 부족의 위탁 아동들을 돌보는 데 쓸 거예요.

보호구역 안에서 페퍼민트 재배하는 얘길 하려고 우리 부족 사업가들이 기다리고 있어요.

갈까요?

부족 전설에 따르면 사람들이 대지와 동물을 잘못 다뤘던 시절이 있었대요.

생존하는 데 필요한 것보다 더 많이 취하고 대지를 험하게 다룬 거죠.

그래서 동물들은 사람들을 벌하기로 마음먹고 저주를 걸었답니다.

저주는 효과가 있었어요. 거의 멸종될 정도로 많은 사람들이 죽었죠.

그제야 실수를 깨달은 사람들은 창조자에게 기도를 했고, 식물의 정령들이 그 절실한 기도소리를 들었어요.

결국 식물들은 대지가 다시 균형을 찾을 수 있도록 사람들을 돕기로 했답니다.

각각 특정한 질병을 치료할 수 있는 약초가 되기로 한 거예요.

그리고 자신에게 맞는 고유한 노래를 인간에게 주었답니다.

노래를 부르지 않으면 식물의 효험이 사라지게 될 터라, 사람들은 식물을 존중하는 법을 배우게 되었죠.

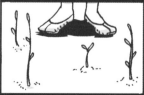

그래서 우리 크로족은 허브를 딸 때 노래를 부르고 절대 줄기 전체를 해치지 않아요.

그리고 다시 씨를 뿌려서 앞으로도 식물들이 풍성하게 하죠.

우리의 목적은 살아 있는 모든 것을 보호해서 만물이 균형을 이뤄 공존하는 거예요.

어니스트 티가 이런 마음가짐을 담아냈으면 좋겠어.

성공적인 창업은 다음 두 가지 질문에 대답할 수 있느냐에 달려 있다.

1. 처음에 성공을 확신한 이유는 무엇인가?
2. 경쟁자들이 모방해도 성공이 지속될 수 있는 이유는 무엇인가?

이 두 질문의 중요성을 설명한 뒤, 어니스트 티를 창업한 우리의 답을 얘기하려한다.

처음에 성공을 확신한 이유는 무엇인가?

애초부터 마땅히 시장의 한 자리를 차지할 권리를 갖고 있는 제품은 없다. 매년음료업계에서는 300여 개의 새 브랜드가 나온다. 또 각각의 브랜드마다 여러 종류의 제품이 출시되니 매년 신제품 수는 1000개 이상에 이를 것이다. 그렇지만매장의 진열대는 늘어나지 않고, 설령 늘어난다 해도 신제품 출시 속도를 따라가지 못한다. 시장에서 생존하려면 기존 업체와 자리바꿈을 하는 수밖에 없다. 그래서 창업하려면 다음과 같은 기본적 질문에 답을 할 수 있어야 한다. 우리 제품은타 제품과 어떻게 다른가? 어떤 문제를 해결해주는가? 사람들의 삶을 어떻게 더낫게 하는가?

우리에게 그 답은 분명했다. 우리는 기존 시장의 틈새를 발견했다. 마실 만한 좋은 음료를 찾지 못했고, 우리처럼 생각하는 사람들이 많다는 것을 알게 되었다.그래서 단맛이 거의 없는 음료를 만들었다. 엄청난 양의 설탕을 넣어 거짓된 맛을내려 했던 게 아니기에, 더 많은 돈을 들여 더 좋은 재료를 썼다. 차 애호가가 아니더라도 이런 맛의 차이를 느낄 수 있었다.

물론 기존 시장의 틈새를 파악했다고 해서 바로 창업으로 뛰어들어야 한다는 말은 아니다. 혁신적 기업가들은 타고난 낙관주의자들이다. 낙관주의는 인내력의 핵심 요소이지만 한편으로는 그릇된 자신감으로 이어질 수도 있다.

첫 삽을 뜨기 전에 현실을 냉정히 돌아봐야 한다. 당신의 독특한 아이디어는 이미 다른 사람들도 생각했을 가능성이 크다. 그렇게 뛰어난 아이디어라면 다른 사람들이 벌써 시도하지 않았겠는가? 다른 말로 하자면, 이미 다른 사람들이 실패를 맛본 데서 어떻게 당신은 성공할 수 있을까? 이 질문에 설득력 있는 답을 내놓지 못한다면 매우 신중하게 진행해야 한다.

때론 특수한 상황이 답이 되기도 한다. 우리 경우엔 시점이 적절했다. 건강한 먹거리 열풍이 일기 시작했지만, 음료시장에는 맛이 좋은 대안 제품이 없었다. 스내플처럼 이미 성공을 거둔 많은 음료회사들은 '그나마 건강에 괜찮은' 음료 정도로 출발했다. 탄산이나 캐러멜 색소를 넣지 않아서 기존 탄산음료에 비해 건강하게 보였지만, 설탕 함유량은 별 차이가 없었다. 이런 상황에서 우리는 어니스트 티가 '건강에 좋다'는 소비자와의 약속을 제대로 지키는 첫 제품이 될 수 있다고 믿었다.

뛰어난 제품이나 서비스를 가진 것은 시작에 불과하다. 당신은 그걸 시장에 알려야 한다. 신제품 광고에 관한 한 전통적인 광고기법은 비용 면에서 효과적이지 못하다. 방송단가는 광고할 제품이 하나든 천 개든 똑같다. 매장에 제품이 많지 않다면 소비자가 광고를 봤다 해도 실제로 제품을 찾기 어려울 것이고 광고는 소용없게 된다. 그렇기 때문에 당신은 일종의 입소문에 의존할 가능성이 훨씬 클 것이다.

가령 당신이 끝내주는 사마귀 제거 도구를 개발했다고 하자. 노력 끝에 사람들로 하여금 그 제품을 써보게 하고 또 써본 사람들이 썩 마음에 들어한다고 해도, 그들이 지인들에게 그 제품을 써보았다고 홍보하지는 않을 것이다. 반면에 사람들은 어니스트 티 병을 들고 다니기 때문에 우리에게는 걸어 다니는 광고판이 된다. 또 친구들이 집에 놀러오면 우리 제품을 같이 즐긴다. 우리의 제품들은 일종의 발굴 브랜드가 된다. 소비자들은 자신이 어니스트 티를 발굴했다는 데에 자부심을 갖고, 지인들에게 권하면서 더 큰 자부심을 갖는다.

당신은 뭔가 새로운 기회를 잡고 첫 삽을 뜨는 것이 가장 어려운 과업이라고 생각할 수도 있다. 하지만 결코 그렇지 않다. 사업에 힘이 좀 붙는다 싶으면 곧 경쟁자들이 알아채고 모방한다. 특허로 보호받는 게 아니라면(심지어 그런 경우라도) 남들이 똑같이 따라하는 걸 막기는 거의 불가능하다.

이제 두 번째 핵심 질문을 살펴보자. 이 질문은 당신 자신에게 던져야 할 가장 중요한 질문이기도 하다.

자금력과 경험이 더 많은 경쟁자들이 시장에 진입하는 데도 당신의 성공이 지속될 수 있다고 보는 이유는 무엇인가?

우리가 오렌지주스와 탄산음료를 적당히 섞는 정도로 음료시장에 진입하려던 것을 막은 게 바로 이 질문이다. 물론 칼로리를 절반으로 줄이고 생산단가도 오렌지주스의 절반으로 낮춘 건강한 천연 탄산음료도 썩 괜찮을 거라고 생각했다. 그러나 이런 제품이 성공을 거두더라도 그건 미닛메이드나 트로피카나 같은 기존 시장 지배자들을 위해 우리가 시장조사를 대신해주는 셈이었다. 그들의 비용 구조와 유통 능력을 감안했을 때 우리가 경쟁에서 살아남을 가능성은 사실상 없다. 뛰어난 사업 아이디어의 문제점은 그 사업이 창업하려는 당사자가 아니라 다른 사람에게 더 잘 맞는다는 점이다.

그렇다면 어니스트 티는 무엇이 달랐을까? 무엇 때문에 기존 업체들이 우리를 모방하지 못했을까? 최소한 우리가 나서기 전까지 그들이 이 틈새시장으로 진입하기를 주저했던 이유가 무엇일까?

스내플 같은 기존 제품의 반대편에 있는 우리 제품은 설탕 범벅인 음료를 파는 기존 업체들에게 인지부조화를 가져왔다. 굉장히 단 음료와 조금 단 음료를 동시에 파는 것은 어려운 일이다. 기존 업체의 고객은 단맛의 음료를 선호했고, 단맛이 적은 제품을 요구하지 않았다. 실제로 그 고객들은 달콤한 맛이 나지 않는 음료는 좋아하지 않을 것이다. 반면 단맛이 거의 없는 음료를 찾는 소비자들은 기존 업체가 내놓은 제품들이 그리 맘에 들지 않을 것이다. 이렇듯 기호가 다른 고객군을 동시에 만족시키려다 보면 혼돈만 일으킬 게 뻔하다.

우리 생산공정이 공장형이라기보다 장인형이어서 규모를 키우기가 어렵다는 점도 도움이 됐다. 당시 음료업계는 찻잎을 직접 우려내어 차를 만들 준비가 되어 있지 않았고, 지금도 우리 방식은 기존 업체들이 익숙한 이른바 빠르고 효율적인 생산 모델에는 맞지 않다.

같은 맥락에서, 언제 어디서 구입하든 모든 제품이 동일한 맛을 내야 한다는 게 음료업계의 불문율이다. 그러나 우리 제품은 맛이 일정하지 않다. 와인처럼 맛이 조금씩 다 다르다. 우리는 그 맛들이 모두 좋다고 생각하고, 이것이 균일한 맛을 내는 것보다 더 중요하다.

또 우리는 자연식품 소매업체들이 차별화 차원에서 주류 식품점에서 볼 수 없는 제품들을 취급하는 데서도 틈새를 찾았다. 우리 브랜드를 키울 수 있는, 어느 정도 안전한 틈새시장이 있었던 것이다.

이것이 어니스트 티의 답이다. 이제 창업을 꿈꾸는 여러분이 스스로의 답을 궁리해볼 차례다.

이제 내 관점에서 얻은 몇 가지 교훈을 덧붙이고 싶다.

1. 시작할 때 가졌던 믿음을 기반으로 일을 펼쳐나간다.
2. 성취하고자 하는 것을 미리 구체화한다.
3. 맛이 좋지 않다면 다른 것은 의미가 없다.
4. 창업 초기에 일을 남에게 맡겨서는 안 된다.

시작할 때 가졌던 믿음을 기반으로 일을 펼쳐나간다

신생기업은 비용 구조, 유통망뿐만 아니라 다른 모든 면에서 불리하다. 따라서 몇

몇 중요한 지점에서는 고객들이 신생기업의 약점을 간과할 정도로 확실히 뛰어날 필요가 있다.(우리의 경우 매장에서 제품을 찾아보기 어렵다거나 침전물이 두껍게 남아 있다는 것이 약점이었다.) 추구하는 바를 분명히 내세울수록 당신의 제품은 고객의 삶에서 더 중요해지고 고객들이 더 찾을 뿐 아니라, 제품이 매장에 없으면 얼른 들여놓으라고 관리자를 들볶기까지 할 것이다.

고객들이 당신의 브랜드와 관계를 맺고 싶어해도, 신뢰를 얻는 게 먼저다. 신생 브랜드(때론 사람)가 새로운 특징이나 가치 체계를 제시하면 사람들의 신뢰도는 지극히 낮다. 그렇기 때문에 신생 브랜드는 시작부터 분명한 정체성을 갖는 게 무척 중요하다.

나는 아웃도어회사 팀버랜드의 CEO 제프 스와츠와 처음 나눴던 대화를 잊지 못한다.

성취하고자 하는 것을 미리 구체화한다

제품을 출시하고 한두 해 정도 유통하다가 코카콜라나 P&G 같은 대기업에 팔아넘길 생각이라면 크든 작든 성공을 거두기 어렵다. 그렇게 해서는 홀로 설 수 없고 다른 회사들이 인수하고 싶을 만큼 괜찮은 회사로 키울 수도 없다. 장기적 관점에서 사업을 키워야 하고, 브랜드를 영원히 보유한다는 의지를 갖고 의사 결정을 내려야 한다. 우리는 항상 어니스트 티는 그저 그런 차가 아닌 특별한 제품,

남들과 다른 사업 방식을 실제 구현하는 전국적 브랜드가 될 것이라는 꿈을 키웠다.

맛이 좋지 않다면 다른 것은 의미가 없다

아무리 친환경적인 화장지라도 가시가 돋아 있다면 소비자들은 환경적 가치에 신경 쓰지 않을 것이다. 차도 마찬가지다. 맛과 건강을 맞바꿀 수는 없다. 금방 떠온 호숫물 같은 맛이 나서는 안 된다. 맛있어야 한다.

창업 초기에 일을 남에게 맡겨서는 안 된다

사업을 제대로 파악하는 가장 좋은 방법은 일의 전반적 면모를 두루 배우는 것이다. 뭘 해야 하는지 제대로 알고 있어야 한다는 뜻은 아니니, 걱정할 필요 없다. 그렇지만 모든 일을 해보기를 두려워해서는 안 된다. 일이 제대로 진행된다면 당신은 자신이 능숙하지 못한 분야를 맡아줄 사람들을 고용하게 될 것이다.

나는 회계 프로그램 사용법을 독학했지만, 분명 회계사에게는 미치지 못했다. 차를 구입하고 제조하는 법을 배우긴 했지만, 결국 더 잘할 수 있는 식품 전문가들을 고용했다. 직접 판매와 배달을 했지만, 트럭을 망가뜨린 적도 있다. 예전에는 우리 회사에서 내가 가장 많은 시음행사를 진행했지만, 이제는 전국에 있는 뛰어난 홍보 전문가 수십 명과 기꺼이 일을 나눠서 한다. 이 모든 일을 직접 해봤기 때문에 나는 종업원, 공급업자, 고객 들과 어떤 대화든 나눌 수 있고, 때론 수준 높은 질문도 던질 수 있으며, 문제를 키우지 않게 되었다.

남에게 맡기지 않는 것의 맹점 하나는 일이 많아진다는 점이지만, 창업 첫해엔 잠이 별로 중요하지 않다. 무언가 새로운 것을 만들어낸다는 흥분과 긴장이 첫 일년을 버텨나가는 데 충분한 에너지를 준다. 내 경우 하룻밤에 대여섯 시간을 잤지만 일을 하는 데 별 문제가 없었다. 30분에서 60분 정도 여유가 날 때면 나가서 달리는 편이 더 나았다. 달리기 역시 사소한 걱정거리를 떨치고 아이디어를 발전시키는 데 도움이 되었다.

물론 가족과 일 사이에서 균형을 잡을 필요가 있었다. 그래서 출장을 가지 않는 한 저녁식사는 늘 집에서 가족과 같이하려 했고, 아들의 야구팀 코치 역할에도 소홀하지 않았다. 코치 일은 때론 황당할 정도로 일거리를 만들어냈지만, 아들과 함께하는 시간을 갖게 해주었다.

한 가지 더 개인적인 조언을 하자면, 스트레스를 풀 나름의 방법을 찾는 게 좋다.

시련기
1999년~2004년

고통 없는 성장은 없다

창업 첫해 매출은 25만 달러였는데, 매장 진입 6개월 만에 거둔 성과임을 감안하면 그리 나쁘지 않았다. 2년째에는 매출이 궤도에 올라 100만 달러에 이르렀지만, 30만 달러가 넘는 상당한 손실도 기록했다.
우리는 자금을 더 마련하기 위해서 주가를 산정하여 제시해야 했다.

회사 가치가 어느 정도라고 생각하세요?

정확한 가격은 없어. 결국 투자자들이 얼마를 기꺼이 치를 것인가에 달려 있지. 올해 총 예상 매출액의 5배인 500만 달러는 제시할 수 있을 거 같아.

500만 달러라면, 총 발행 주식 124만 주에다 신주인수권 가치를 감안하면 주당 2.5달러가 되겠네.

보통주 124만 주 × 주당 2.5달러	=310만 달러
행사가 1달러 신주인수권 80만 주	=120만 달러
행사가 1.5달러 신주인수권 80만 주	=80만 달러
다른 신주인수권은 모두 주가보다 행사가가 높은 외가격으로 본다.*	
총계	=510만 달러

* 당시 신주인수권 가치가 행사가를 초과하고 있었으므로 이 수치는 회사 가치를 적게 잡은 것이다.

현재 투자자 그룹은 우리와 가까운 사람들이에요.

부모

부모

친구

친구

친구

친구

변호사

누이

재투자를 요청하기에는 좀 이른데. 이번에는 친구나 가족 말고 다른 사람들한테 마련해보자고.

어니스트 티 본사

아주 멋진 사업입니다. 어니스트 티는 약물 전달장치나 마찬가지예요. 카페인 일일 섭취량을 보다 쉽게 섭취하게 만들어주죠.

음… 그렇게는 생각해 보지 않았는데요.

우린 그저 배당이익이나 바라는 수동적 투자자가 아니에요. 이사회에 들어갈 겁니다. 경영 방식을 개선할 좋은 아이디어가 많거든요.

오, 정말이요?

무엇보다, 순수 유기농에 건강에 좋은 차를 만들고 있으니 회사 주소를 버몬트주로 옮겨야 해요. 이곳 메릴랜드주 베다스다에는 사무실만 두고 버몬트에 사서함을 마련하세요.

버몬트

베다스다가 어때서요? 친환경적인 회사라고 꼭 버몬트에 있어야 하는 건 아니잖아요? 정직하지도 않고요.

닷컴 열풍이 지속되는 상황이라 웹 기반 사업에는 투자금이 몰리고 있어요.

DOT.com

제 경영대학원 친구는 아무도 이해 못할 IT회사를 창업해서 수백만 달러를 마련했죠. 하지만 우린 누구나 이해할 수 있는 사업으로 2만 5000달러 단위로 투자금을 유치하려는 겁니다.

회사 이름을 어니스트티닷컴으로 바꾸는 건 어때요?

닷컴 딱지를 붙이는 게 어떻게 우리 회사의 가치를 높여주는지 잘 모르겠네요. 또 인터넷을 통해 유통하는 방식은 경제적, 환경적 으로도 좋아 보이지 않고요.

에너지음료는 어때요? 제품군을 확장해 어니스트 에너지라고 이름 붙일 수도 있겠는데.

여기까지 와주셔서 정말 감사합니다만, 저희 회사는 여러분이 원하는 투자처는 아닌 것 같네요.

이 사람을 앞으로 10년은 더 봐야 하는데, 투자금을 날려 버리면 볼 낯이 없을 거야.

아, 세스! 홀푸즈에서 그 회사 음료수 봤는데, 정말 맘에 들어요. 거기 투자해서 우리 애들 대학자금 좀 불릴 수 있을까요?

고마워요, 더그. 잊지 않고 연락할게요.

뉴잉글랜드의 부호와
친하다는 그 의사에겐
연락해봤어? 만나보면
좋을 거 같은데.

이번 2월 12일에
보스턴으로 오세요.
구체적인 얘기는
그때 하죠.

그날이 아들 생일이어서
저녁 시간까지는 집에 돌아와야
해요. 오후 2시면
괜찮겠네요.

전화 통화는
여러 번 했는데
그 부자 가문하고는 아직
연결해주지 않았어요.

친구분들도
오시나요?

어서 와요!

아니오. 그렇지만
내 몫이 있다면 그들을
연결해줄 수도 있어요.

몇 달 동안 얘기는 넘치게 했어요.
저를 만나고 싶어하고
투자할 준비도 된 사람이 있으면
알려주세요. 전 비행기 타러
가겠습니다.

COFFEE

몰티모어-워싱턴   FL1441   오후 4:25
몰티모어-워싱턴   FL729   오후 7:35

밤 11시

정말
미안해

진척이 없어요. 차보다 지분 파는 데 시간을 더 뺏기고 있어요.

전에 가족들한테 부탁할 때는 별로 어렵지 않았어요. 돈을 몽땅 날려도 가족은 다시 볼 테니까요. 그런데 친구나 지인을 통한 투자 요청은 위험 부담이 훨씬 크게 느껴져요.

그게 사람의 본성이지. 내 대학 친구, 그 친구의 예전 여자친구와 절친, 그 절친의 동업자가 모두 이제 우리 투자자야. 심지어 우리 아버지 엉덩이뼈 수술한 의사도.

그리고 나랑 같이 일한 컨설턴트 3명, 책을 같이 쓴 친구 하나도 투자자로 참여시켰어. 기업지배구조의 일급 권위자인 넬 미노, 투자 전문가인 앤드루 토비아스도.

우리 회사가 폭삭 망하면 난 호주로 이민 가야 해. 하지만 반대로 성공한다면 미처 투자 기회를 주지 않은 사람들한테 네가 엄청 미안해질걸.

다음 날 아침

더그, 투자에 정말 관심 있다면 기회가 있을 거 같아요.

며칠 후 워싱턴포스트에 관련 기사가 실렸다.

The Washington Post

안녕하세요. 어니스트 티를 어디서 살 수 있는지 며칠 전에 이메일로 문의했었는데요, 자금을 유치한다는 워싱턴포스트 기사를 봤습니다. 저희 집은 부동산에 주로 투자하는데, 포트폴리오 다양화 차원에서 어니스트 티에 투자하고 싶습니다.

투자 유치를 마칠 무렵, 우리 회사의 투자자 네트워크는
상당히 커져 있었다.

유기농 제품 유통업자들과는 일이 잘 풀리고 있었다.

그러나 그들이 공급하지 않는 일반 소매점에는 들어갈 방법이 없었다.

우리는 주요 도시의 음료 유통업자들에게 모두 연락했다.

별로 달지 않네요.

너무 비싸요.

풀 맛이 나는데요.

라벨이 너무 얌전해요.

몇몇 회사는 우리가 제시한 조건에는 관심을 보이지 않았다.

스내플과 계약을 해서 다른 차 브랜드는 취급할 수가 없어요.

에너지음료가 하나 필요한데, 그런 것도 만드나요?

음, 매장에 들어갈 다른 방법을 더 찾아봐야겠어.

멜라니 덕분에, 고메이코의 치즈와 함께 우리 차를 고급 소매점에 공급할 수 있었다.

치즈 유통업체가 고메이코가 아니던데, 우리 차를 공급할 방법이 없을까요?

소고기 통조림 유통업체에 한번 연락해보세요.

우린 당신네 유통업체들과는 거래가 없어요.

그렇다면 같이하는 유통업체가 어딘가요?

구이용 목탄 유통 업체가 있는데…

안 될 거 없죠.

우리는 여러 도시에서 변칙적인 해결 책을 찾아냈다.

보스턴은 베이글 유통업체, 하트포드 는 과자 유통업체, 시카고는 고급 식 자재 유통업체를 통해 공급했다.

그리고 뉴헤이븐에서는

아, 배리. 집세 낼 때 됐나요?

그게 아니고. 혹시 돈 좀 벌고 싶으면 이 근처에서 차 배달해볼 생각이 있나 해서.

그러나 소규모 유통업체들과 일하는 데는 대가가 따랐다.

어니스트 티는 이제 뉴욕에서 제대로 커가고 있어요.

좋은 소식이네요. 그런데 판매대금은 언제쯤 입금되나요. 이미 60일이나 지났는데요.

이봐요. 우리가 당신네 브랜드를 키워주고 있단 걸 알아야죠. 그것도 중요한 시장인 뉴욕에서.

물론 감사합니다만, 돈이 들어오지 않으면 저로선 즐겁지가 않네요.

한편 시카고에서는

어니스트 티 유통은 잘되고 있지만, 다른 쪽이 너무 어려워서 사업을 곧 접으려고요.

더 이상 우리 제품을 유통할 수 없다구요?

그렇게 됐습니다.

맙소사. 그럼 저희 물품 대금은 어떻게 되나요?

지불이 어려울 것 같네요.

뭔가 체계를 갖춰가던 1998년 9월 어느 날, 우리 제품을 병에 담아주는 보틀링업체 메이어브라더스의 대표가 실망스런 소식을 전했다. 사과 수확철이 되어 앞으로 몇 달간 생산라인이 사과주스와 사이다 보틀링 공정으로 다 차게 된다는 것이었다.

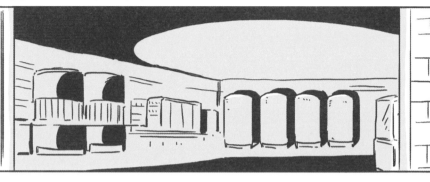

아직 재고가 소진될 정도로 판매량이 많지는 않지만, 제품을 충분히 확보해놓지 않으면 즉시 시장에서 퇴출될 수 있음을 깨달았다. 사업을 키우고 싶으면 빨리 새로운 공장을 찾아야 했다.

펜실베이니아주 뉴켄싱턴,
스리리버스 보틀링

공장 크기만 8000제곱미터에다. 분당 400병까지 생산할 수 있어.

게다가 베데스다나 생수 수원지와도 가까워.

이 사람이 공장장 딕이야.

해마다 400만 병을 생산할 수 있으니, 매출액으로 치면 3000만 달러어치야.

물량의 95%를 차지하는 제일 큰 고객과 분쟁 중인데, 그쪽이 대금 지급을 중지해서 자금줄이 말라버렸어요. 그래서 은행에 공장이 차압됐고요.

곧 경매에 들어갈 텐데, 50만 달러면 낙찰받을 수 있을 겁니다.

하지만 우린 공장 자체가 필요한 건 아닌데.

굉장히 좋은 조건이야. 설비만 해도 200만 달러는 된다구.

몇 달 뒤

우리가 만들어본 최고의 차예요. 새로운 제조 시스템이 환상적이에요!

조지, 이 공장에 우리의 사활이 걸려 있어. 여기 피츠버그로 이사 올 생각 없어?

서핑하기엔 최악이지만, 그러지 뭐.

한두 달 뒤

공장에 문제가 좀 있어. 보일러가 멈췄거든. 고치는 데 며칠 걸릴 거 같아.

몇 주 뒤

오늘은 생산일정이 없어. 사슴 사냥철이 시작되는 날이거든.

그게 무슨 말이야?

다들 사냥하러 나갔어.

어니스트 티 생산은 1년 중 30일뿐이었다. 가동하지 않는 날마다 5000달러를 날리는 셈이었다. 공장을 계속 돌리기 위해선 다른 고객을 찾아야 했다.

공정을 채울 다른 업체는 있어?

맥코이 사가 자기네 제품 생산량을 늘려달래. 그러지 않으면 고소하겠다고 협박까지 하고 있는데, 지난번 대금도 아직 입금이 안 된 상태야.

2000년이 되자 마침내 제대로 된 회사의 느낌이 나기 시작했다. 그날그날의 생존을 넘어 더 지속적인 것을 모색해야 할 시점이 된 것이다. 우리는 도움을 줄 만한 업계의 경험자들을 물색해 이사회를 꾸리기로 했다.

미리 겪어본 사람들한테 조언을 구하고 싶을 때가 있잖아요.

꿈의 이사회를 만들어보자구. 가장 이상적인 사람들이 누굴까?

업계 초보인 우리에겐 유기농 식품에 정통한 사람이 필요했다. 유기농 전문 슈퍼마켓인 프레시필즈의 공동창업자이자 CEO였던 마크 오댠을 만났다.

자신에게 물어야 할 가장 중요한 질문은 진정 원하는 게 무엇이냐예요.

우리는 지금 빠르게 성장하고 있습니다. 상장하고 홀푸즈와 겨뤄봅시다.

1996년

마크, 이사회는 홀푸즈의 인수 제안을 받아들이기로 결정했어요.

그렇지만 이제 막 시작했는데….

지금 수익이라도 확실히 하자는 겁니다. 나갈 때 넉넉히 챙겨줄 테니, 앞으로 원하는 걸 얼마든지 할 수 있을 거요.

난 내가 하고 싶은 걸 했어요. 자신이 원하는 것에 집중하세요.

또 음료업계에 경험이 많은 사람들도 물색했다.

로빈 프레버라고 생수업체 사라토가워터의 CEO인데, 우리 차 유통에 관심이 있어요. 전화해볼게요.

조언해줄 CEO를 찾아보세요. 당신이 앞으로 겪을 압박과 어려움을 이미 경험한 사람들이니까요.

그리고 벤처투자자를 조심해요. 이것저것 해주겠다며 온갖 좋은 말을 할 거예요. 그러고 나선 부족한 자금을 채워주면서 지배권을 늘리죠.

우리가 미션을 진정으로 추구하는 브랜드로 성장하는 데 도움을 줄 이사를 찾았다.

팀버랜드의 CEO 제프 스와츠가 늘 어니스트 티를 마신다는 얘기를 들었다.

어니스트 티와 영원히 같이하겠단 마음으로 브랜드를 키워야 해. 장래의 선택을 제한할 수 있는 단기적 결정을 내리면 안 되고.

브랜드 구축에 열정을 쏟아야 돼. 포장부터 회사 전화의 통화대기음까지 모두에 브랜드의 미션이 담겨야지.

고객들이 신뢰하지 않고, 회사가 추구하는 미션도 없다면, 끝난 거야.

우린 매출이 고작 200만 달러에 불과하지만, 1억 달러짜리 회사도 갖기 어려운 좋은 이사회를 갖췄어.

매장에서 티백 제품을 출시하라는 요청이 나오기 시작했다. 안 할 이유가 없었다. 매출액을 끌어올리고 브랜드 구축에도 도움이 될 좋은 기회라고 판단했다. 그런데 문제는 어떻게 어니스트 티만의 티백을 만들 것이냐였다. 기존 제품과 다르고, 더 뛰어나며, 더욱 정직한 티백을 만들어야 했다.

보통 많이 쓰는 찻잎 가루가 아니라 온전한 찻잎을 써야 한다는 건 분명해.

병음료를 만들 때와 같은 재료를 쓰자는 거죠?

바로 그 말이야.

하지만 베리 제품엔 열매가 들어가야 하고, 찻잎은 우리면 엄청나게 팽창하는데, 티백 크기에 맞출 수 있을까요?

크게 만들어 보지 뭐.

좋아요. 근데 왜 이런 걸 만든 업체가 없었을까요?

온전한 찻잎을 멋진 실크망에 담아 내놓은 일본 회사가 있어. 문제는 소매가가 개당 1달러나 한다는 거지.

가격대를 그보다 확 낮춰야 하는데. 뭔가 길이 있을 거예요. 최상급 차를 써도 티백 하나당 찻잎 원가는 2센트밖에 안 되잖아요.

여과지, 포장지, 상자, 유통 등등에 드는 비용을 감안하면 찻잎의 원가 비중은 얼마 안 돼.

2센트

그냥 크게 만들어보자고 생각했다. 2000년, 우리는 전부 종이로 된 초대형 티백 제품을 생산했다. 실로 연결하거나 스테이플러로 고정하지도 않고, 꼬리표도 없었다. 일부 고객들은 마치 자궁 내 피임기구 같다고 했고, 다른 이들은 프렌치호른처럼 생겼다고도 했다. 생김새가 웃기든 뭐든, 맛은 끝내줬다. 개당 25센트로 가격도 적당했다. 실이나 스테이플러를 쓰지 않아 전자레인지에 넣을 수 있고, 자연 분해됐다.

버전 1.0

어니스트 티
찻잎을 그대로 넣은 고급 티백

기타 제품

제품 끝의 꼬리는 컵 테두리에 잘 걸쳐졌다.

우리 제품을 처음 디자인한 슬로언 윌슨에게 티백 상자 디자인을 맡겼다.

원재료를 돋보이게 하려고 상자 옆면에다 우리 티백을 엑스레이로 찍은 사진을 넣고 윗면에는 총 천연색의 찻잎 사진을 넣었다.

옆면

어니스트 티
중국녹차

윗면

유기농 찻잎을 넣은 티백 15개

휴대할 수 있도록 티백을 포장지에 넣었고, 티백과 내용물을 돋보이게 하려고 투명 포장지를 사용했다.

으익!!!

유일한 문제는 가위를 쓰지 않고는 포장을 뜯을 수가 없다는 것이었다.

결국 투명비닐 포장지를 종이로 교체했다. 그러
자 새로운 문제가 생겼다. 티백이 포장지 가장자
리에 끼어 고객들이 포장지를 뜯다가 티백도 같
이 찢어버리는 일이 발생한 것이다.

버전 2.0

굴하지 않고 우리는 포장지를 더 크게 만들었
다. 문제는 해결됐다. 그러나 이미 만들어놓은
상자에 들어가지 않았다.

버전 2.1

결국 포장지를 포기하고 작은 깡통에 티백을 넣
었다. 그 결과 휴대하기가 더욱 어려워졌다.

버전 3.0

깡통은 보기엔 근사했지만 종이상자보다 재료
가 더 들었다. 그래서 고객들에게 깡통을 창조
적으로 재활용할 방법을 찾아보라고 권장했다.

티백 제품을 만들던 생산업체는 함께 일하기가 힘들었다. 생산물량을 못 맞춰 번번이 재고가 소진됐고,
매주 새로운 변명을 댔다. 그중에는 (사실일 수도 있지만) 공장 지붕이 무너졌다는 이유도 있었다. 결국 기존
의 티백과 종이상자를 쓰기로 했다.

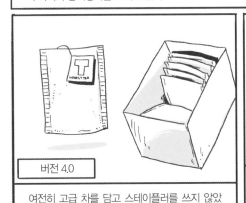

버전 4.0

여전히 고급 차를 담고 스테이플러를 쓰지 않았
지만, 더 이상 타사 제품과 차별화되지 않았다.

또 상자 아랫부분을 뜯기 쉽게 만들었는데, 그
때문에 지탱하는 힘이 약해져 매장 진열대에
쌓아놓기가 어려워졌다.

그때까지 네 번이나 디자인을 바꿨고 결국 소매업자들의 원성을 사게 됐다. 제품은 좋았지만 포장 문제를
해결하는 방식은 좋지 않았다.

설상가상으로 몇몇 경쟁업체가 온전한 찻잎을 담는 티백 제조법을 찾아냈다.

피라미드형 디자인에 나일론 재질의 티백은 자연 분해되지 않아 우리는 채택하지 않았지만, 확실히 새롭고 차별화된 제품이었다. 게다가 투명한 포장지는 개봉하기도 쉬웠다.

지금까지 티백에 100만 달러를 투자했는데, 6년 지난 지금 매출은 35만 달러에 불과해.

아버지가 들려주셨던, 의사와 환자에 대한 러시아 이야기가 떠오르네요.

복통이 너무 심해요.

3일 동안 단식을 하세요.

여전히 복통이 심한데요.

일주일 동안 잠을 자지 마세요.

아직도 배가 너무 아파요.

일주일 동안 레모네이드만 드세요.

쯧쯧. 시도해볼 만한 치료법이 아직 많은데.

다행이에요. 티백이 첫 제품이었다면 우린 쫄딱 망했을 거예요.

이게 첫 제품이었다면 우린 전력을 다해 방법을 찾았을 거야.

교수님, 오늘 정말 희한한 주문 전화를 받았어요.

세스, 제품은 맘에 들지만 우리한텐 안 맞는 거 같아요. 한 상자에 5달러 이상 남겨야 하는데…

무슨 말이지? 우리 제품이 가장 이윤이 많을 텐데.

스내플을 팔면 얼마가 남아요?

5달러 20센트. 어니스트 티는 4달러밖에 안 돼요.

그렇지만 스내플 한 상자는 24병이고, 우리는 12병이잖아요.

병당 이윤은 어니스트 티가 훨씬 많아요.

어쨌건 나는 한 상자에 5달러 남겨야 해요.

그 사람, 산수는 꽝이네!

병당 이윤을 따져야 하는데, 별 의미 없는 상자당 이윤을 따지고 있잖아.

제 말이 그 말이에요.

22센트

33센트

두 상자를 묶어 한 상자로 만들어 납품하면 어떨까요?

네.

그렇게 할 수 있어?

생각을 좀 해봤는데 안 되겠어요.

그럼 그 업체하고는 거래할 수 없게 되잖아.

그게 나을지도 몰라요.

24개들이 상자를 쓰면 어때?

사실 그렇게 하면 비용이 더 들어요.

어째서?

새로운 거래처가 생기면 대부분 첫 번째 상자는 무료로 달라고 요구해요.

12개들이 상자를 쓰면 12병만 주면 되지만, 24개들이라면 24병을 공짜로 주는 거예요. 비용이 2배 드는 거죠.

말도 안 돼!

정말이에요. 교수님이 경영대학원에서 가르쳐주신 건 아니지만요.

30 해고는 어려워

우리는 판매부서를 조직하기 시작했다. 고메이코를 그만둔 멜라니가 합류해서 유기농 제품 쪽 판매를 맡고, 업계 베테랑인 밥(가명)이 들어와 소매·유통업체 관리를 전담했다. 밥은 첫 1년 동안은 괜찮았지만, 1년이 지나자 상황이 달라졌다.

내 참, 이런 경우는 처음 보네요.

무슨 말씀이세요?

밥이 배달팀을 데려와서 우리 판매원들과 같이 나가기로 약속했는데, 아무도 안 나왔어요. 밥도요.

배달팀?

어니스트 티 전체 직원 5명

이봐요 세스, 난 당신을 좋아하지만 일을 제대로 하지 않으면 오래 못 갈 거요.

제가 내일 갈게요.

몇 주 뒤

유기농 제품 판매 쪽은 잘되고 있는데, 소매·유통업체 관리는 문제가 많아요.

밥은 뭐라 그러는데?

모르겠어요. 출근하지 않은 걸 보니 무슨 일 있나 봐요. 정신이 딴 데 팔린 거 같아요.

커피 유통업체랑 미팅이 있는데 밥이 갈 수 없게 됐어요. 대신 가줄 수 있어요?

내가 처리할게요.

몇 달 뒤

페어몬트그릴에서 전화가 왔어요. 약속을 두 번이나 어겼다던데 정말이에요?

아, 문제없을 겁니다. 오늘 제가 찾아갈게요.

밥, 얘기 좀 해야겠어요. 요즘 종잡을 수 없는 상황이 계속되는데…

주문 전화보다 뒷수습하는 데 시간을 더 보내는 거 같아요.

걱정 마세요. 요즘 처리할 일이 좀 많아서 그래요.

116

다시 몇 달 뒤

그쪽에서 거짓말 하는 거예요.

하트포드에 있는 유통업체에 추가 주문할 때까지 대금을 지불할 필요가 없다고 했다던데, 사실이에요?

이런 말이 나온 게 처음이 아니에요. 밥이 좋은 사람인 건 알지만, 매출이 오르지 않으면 계속 고용할 여력이 없어요.

정말 이런 얘긴 하고 싶지 않았는데.

아내가 이혼하고 애들을 데려가려고 해요.

오, 저런.

아내가 바람을 피웠어요.

저런!

집안 친구와요.

뭐라고요?!

게다가 임신을 했어요.

정말 마음이 아프네요. 내가 도울 일이 있을까요?

좀 정리될 때까지 지켜봐주세요.

그럴게요.

그리고 시간이 되었다.

밥은 여전해요. 그래도 그렇게 힘든 상황에 있는데 해고할 수는 없잖아요?

판매인력의 절반이 일을 못하는 상황을 감당할 여유가 돼?

알겠어요. 내보낸다면 해고수당을 줘야 하는데요.

어느 정도 생각하고 있어?

급여 4개월분 정도요.

너무 많은데. 지난 겨울에도 같은 일로 얘길 했고, 올 6월엔 서면경고까지 했잖아.

고객 미팅을 또 빼먹기 전까진 실적이 좋아지고 있었거든요.

세스, 네 돈으로 두 달치 급여를 퇴직금으로 준다면 그건 좋아.

그렇지만 주주들 돈을 쓸 순 없어. 지금 매출이 애초 계획인 340만 달러에 훨씬 못 미치는 상황이잖아.

그래도 72% 성장했는데요.

하지만 우린 애초에 200% 성장할 거라고 했잖아.

정말 유감이에요. 좋은 사람과 좋은 회사가 만났어도 잘 안 될 때가 있는 것 같네요.

잔인한 일이었어. 다시는
해고할 일이 없었으면 좋겠어.
안 그래도 이번 주말엔 이렇게 좀
떠나고 싶었는데 잘 됐어.

안녕하세요. 전 밥의 형인데,
밥이 아까 오후에
심장발작이 와서
병원에 입원했습니다.

삐~

오, 이런!

후일담: 다행스럽게도 밥은 재기했다. 전처가 재혼하여 다른 도시로 이사한 후, 밥도 자녀들과 가까운 곳
으로 이사했다. 그 후 밥은 고급 식품서비스 분야에서 성공을 거두고 있다.

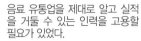

음료 유통업을 제대로 알고 실적을 거둘 수 있는 인력을 고용할 필요가 있었다.

16살에 음료업계 일을 시작했습니다. 여름내 트럭에 짐 싣는 일부터 했죠.

나중엔 뉴저지 일대 유통망에서 연간 24만 상자까지 배달을 맡았어요.

한 곳에서요? 우리 회사 작년 전체 매출보다 많은데요.

이력서 좀 볼 수 있을까요?

댄 캐버너

이력서는 없지만 앨범을 보여드리죠.

당장 저희랑 일합시다.

음료업계의 큰 행사인 음료기술박람회는 2년마다 한 번씩 열린다. 우리는 2000년 12월 행사에 처음 참가했다.

뉴올리언스 컨벤션센터

HONEST TEA

뉴욕 최대의 독립 음료 유통업체는 어빙 허시코위츠가 소유한 빅가이였다. 사람들은 그를 'H'라고 불렀다.

이건 어떤 제품이죠?

허시코위츠는 이름표를 뒤집어놓은 채 행사장을 돌았기 때문에 사람들은 그가 누군지 몰랐다. 물론 우리도.

유기농 재료로 만든 달지 않은 차로, 종류별로 있습니다.

블랙베리와 히비스커스 등을 넣은 블랙포레스트 베리차를 시음해보세요. 맛이 뛰어나죠. 공동창업자인 배리가 좋아하는 차이기도 해요.

괜찮군.

우적

오, 정말 좋은데요.

아내분 취향이 정말 훌륭하시네요.

아내 아닌데요.

아, 그러니까 친구분이요.

괜찮은 제품이군. 조금 이른 시간이라 사람들이 많진 않지만, 그래도 제품이 훌륭하네요.

어떤 일을 하시는지 물어 봐도 될까요?

뉴욕에서 음료 유통을 하세요.

앗! 이 사람이 바로 H구나!

사장님 회사를 통해 유통시키려면 뭘 해야 할까요?

뉴욕에서 브랜드를 키우고 싶으면 한 병 한 병 성장해야 합니다. 들어오자마자 한 번에 체인 매장에 다 깔아 놓을 순 없어요.

발품을 팔면서 현장에서 뛰어야 가능한 일이죠.

뉴욕시

우리는 조금씩 나아갔다. 댄의 노력으로 뉴욕주 북부지역, 버몬트주, 캘리포니아주 새크라멘토에서도 새로운 유통업체와 계약을 했다.

그러나 여전히 헤쳐나가야 할 자잘한 난관들이 있었다.

댄이 여러 문제점을 바로 잡아야 했다.

코네티컷 유통업자 브루스랑은 뭐가 문제죠?

몇 달 전에 마지막 주문을 했는데, 대금을 보내지 않아요. 전화도 안 받고.

안녕하세요. 어니스트 티 물건은 어디서 가져오나요?

아, 브루스가 공급해요. 지금 행사 중이라 세 상자 사면 한 상자 공짜로 줘요.

편의점

브루스, 우리 제품 유통해주는 건 고마운데, 대금은 지불해야죠.

이런! 수표책이 없네요. 사무실에 두고 왔어요.

미납금 절반은 받아냈어요. 그 이상은 힘들 것 같아요.

괜찮아요. 차가 있으니까 종일 기다릴 수 있어요.

신규업자들하고는 거래를 안 하는 게 좋겠어요.

뉴헤이븐보다 우리 텃밭이라고 할 볼티모어-워싱턴 지역에 유통업체를 확보하는 일이 우선이었다. 최적의 업체는 세븐업, 스내플, 비타민워터, 소베 등을 유통하는 캐나다 드라이 포토맥이었다.

계획이 어떻게 돼?

끈질기게 해 나가는 거죠.

안녕, 달리나. 필 있어요?

아뇨. 하지만 몇 시간 후에 들어올 거예요.

로비에서 일 좀 하고 있어도 될까요?

오.

요새 어니스트 티 제품을 자주 봤어요. 매장 확보는 어떻게 하고 있나요?

치즈, 통조림, 목탄 유통업체를 모아 얼기설기 짰죠. 그러니 진짜 음료 유통업체랑 손잡으면 얼마나 대단하겠어요!

달리나가 어니스트 티를 무척 좋아해요. 저야 같이 해보고 싶은데, 상사인 딕 울프를 설득해야 해요. 탄산음료 전문에 설득하기 힘든 스타일이에요.

여러 번 전화했는데 답이 없더라고요.

행운을 빌어요!

계속 시도해 보세요.

안녕하세요, 딕. 전…

또 왔군요. 잘하고 있단 얘기, 필한테 들었습니다만 우린 스내플과의 계약 때문에 다른 차음료를 취급할 수 없어요.

…

2년 뒤

놀라운 소식이 있어요. 지난달에 딕이 은퇴해서 이젠 내가 책임자가 됐어요.

같이해 봅시다.

너무 흥분하진 말아요. 창고형 매장 한 곳에 네 종류 들여놓는 정도니까. 계약은 기한 없는 영구계약으로 하죠.

아주 좋네요!

그렇긴 한데…

처음엔 우리 제품이 판매대 위에서 돋보이도록 사각형의 병을 만들려고 했지만, 고가의 주형이 필요해서 단념했다. 그 대신 라벨을 병을 감싸는 방식이 아니라 앞뒷면에 따로 붙이는 방식을 택했다.

앞뒤로 부착한 라벨은 무척 마음에 들었다. 와인 병 같아서 고품질 이미지를 전달하는 데 도움이 됐다.

타 제품은 라벨로 병을 감싸서 내용물을 가리는 반면, 우리 제품은 내용물을 감추지 않고 그대로 드러냈다. 병 안에 떠다니는 찻잎까지 고스란히 보였다. 그렇지만 비용이 문제였다.

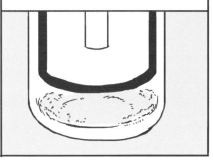

우선 병을 뉴저지주의 시나민슨까지 보내서 라벨을 붙여야 했다.

차를 우리고 병에 담는 공정까진 많이 개선됐어요. 하지만 이렇게 비용을 줄여도 라벨 작업에서 손실이 너무 커요. 뉴저지까지 보내면 상자에서 꺼내 라벨을 붙이고 다시 포장해서 이리로 돌려보내야 하거든요.

그래, 거기다 계속 앞뒤 라벨이 맞지 않는 제품이 나오는 것도 문제고.

스리리버스 보틀링을 인수한 뒤 라벨 작업도 우리 공장에서 직접 하기로 했다. 라벨부착기가 25만 달러나 했기 때문에 5만 2000달러짜리 중고를 구입했다.

127

생산량이 분당 200병까지 나오고 있어.

이야, 엄청 빠르네.

근데 문제가 하나 있어. 라벨부착기가 분당 120병밖에 소화를 못 해.

라벨부착기 때문에 다른 공정에 차질이 생긴단 거야?

그래. 그나마 잘 돌아갈 때가 그렇고, 말썽을 부릴 때면 붙이는 족족 떨어져나가는 라벨이 많아. 게다가 지난주처럼 아예 멈추면 모두 손 놓고 있어야 하고.

세스, 뭔가 조치가 필요해. 어니스트 티가 공장 지분을 일부 보유하고 있지만, 청구금액을 더 늘려야 할 거 같아.

라벨부착기 때문에 차질이 생기면서 시간당 500달러의 비용이 발생하고 있거든.

한편 운송비용 절감을 위해 서부연안 쪽에도 생산시설을 갖춰야 했다. 앞뒤로 라벨을 붙일 수 있는 설비를 갖춘 공장을 캘리포니아에서 가까스로 찾아냈지만, 작업 속도가 더 느렸다.

이런, 지난주에는 분당 60병까지 문제없었는데…. 이번 주는 계속 말썽이네요.

차라리 라벨에 신경 쓰지 말고 18만 달러짜리 사각병 주형에 투자했으면 어땠을까 하는 생각이 들곤 해요.

18만 달러

라벨 때문에 치르는 비용이 너무 커요. 공정 지연에, 실수에, 버려지는 라벨도 너무 많고요. 뭔가 대책이 필요해요.

병을 감싸는 라벨로 바꾸되 기존과 같은 이미지로 만들 수 있을지 디자이너한테 확인해보자고.

접수원이었던 맨디, 기억하세요?

응.

출산휴가 기간에 그래픽디자인을 독학했다고 해서 라벨 디자인을 부탁했어요.

ST TEA

HONEST TEA

예전에 비해 시각적 효과는 좀 떨어지네.

병을 감싸는 라벨을 쓰면 연간 10만 달러는 절감할 수 있어요.

오, 갑자기 이게 너무 예뻐 보이네.

우리의 광고예산은 사실상 0이었다. 그래서 신문과 잡지에 등장할 기회는 기사가 실릴 때밖에 없었다. 운 좋게도, 교수와 학생이 공동 창업한 회사라는 게 좋은 기사거리가 됐다. 뉴욕타임스는 비즈니스 섹션 1면에 우리 회사에 대한 긴 특집 기사를 냈고, 워싱턴포스트도 비슷한 기사를 실었다.

둘이 만드는 차

콘스턴스 헤이즈 기자
2000년 8월 2일

어니스트 티는 소비자들이 열광할 만한 요소가 있다고 보긴 어려운 제품이다. 강하지 않은 맛에, 묽고, 옛날 방식으로 만든, 게다가 단맛도 거의 없고 카페인도 적게 들었다. 마케팅 활동? 거의 없다. 멋들어진 텔레비전 광고나 유명 연예인을 동원한 홍보? 전혀 없다.

운인지 아니면 통찰력인지, 어니스트 티가 매장에 깔리기 시작할 즈음, 소비자들은 건강에 좋다고 알려진 생수와 기타 음료에 뚜렷한 선호도를 보이고 있었다.

Business Day
the New York Times

Tea by Two

차 자체도 매체의 관심을 끌기에 더 유리했다. 건강 잡지 프리벤션, 남성잡지 멘즈헬스, 월간지 푸드&와인에 기사가 실렸다. 심지어 엘르 프랑스판에도 기사가 났다. 물론 매출 신장에 별 도움은 안 됐지만.

병에 든 녹차음료 중에 영양적으로 가장 좋은 제품이 무엇일까? 어니스트 티가 내놓은 허니그린티가 꼽힌다. 항산화제인 카테킨의 왕이지만 설탕은 아주 적게 들었다.

익명을 요구한 국내 최고의 제품평가전문지에 따르면, "어니스트 티가 평가 순위에서 1등을 차지했고, 비다이어트용 차음료 중에 가장 열량이 낮았다."고 한다.

유명 텔레비전 프로그램에도 등장했다.

CBS 얼리쇼

20가지 차음료를 테스트한 결과, 다음 세 제품이 일등으로 뽑혔습니다. 첫 번째로 어니스트 티에서 나온 로리레몬차인데요. 아주 맛있어요. 레몬맛이 나면서 허브향도 약간 풍겨요. 맛이 무겁지 않고 시럽으로 범벅된 단맛도 없어요….

투데이쇼

이 제품은 진짜 차 맛이 나는데요.

몇몇 업계 전문지에 제품 소개글을 보내기도 했는데, 뒤로 대가를 요구하는 경우가 자주 있었다.

Beverage INDUSTRY

BEVERAGEWORLD

식품박람회장

그동안 공짜로 홍보할 수 있는 기회를 드렸는데, 우리 지면에 광고 좀 하세요.

광고할 돈이 없어서요. 그 대신 저희 배달차로 태워다드리죠.

베버리지아일의 발행인 배리 네이선은 광고영업 수완이 좋기로 악명 높은 사람이었다.

FMG
=배리 네일버프?

그 가방 누구 거예요?
FMG는 교수님 이니셜이
아니잖아요.

제 가방 맞아요. 아웃렛매장에서
엄청 싸게 샀어요.
누군가 사서 FMG라고 이름을
새긴 다음에 환불했나 봐요.

오, 정말
자금에 쪼들리나
보군요.

좋습니다.
광고 꼭 내지 않아도
좋아요.

그리고 BN이라고 제 이니셜
새긴 가방이 하나 있는데
그거 드릴게요.

좋아요!

공짜 마케팅에 의존하고 있는 처지라면
파스퇴르의 말을 되새겨야 한다.

기회는
준비된 자에게
찾아온다.

132

승객 여러분께 알립니다. 승객 중에 인턴십을 하고 있는 학생이 첫 세일즈 프레젠테이션을 앞두고 여기서 연습해보고 싶다고 합니다. 양해를 부탁드립니다.

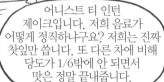

어니스트 티 인턴 제이크입니다. 저희 음료가 어떻게 정직하냐구요? 저희는 진짜 찻잎만 씁니다. 또 다른 차에 비해 당도가 1/6밖에 안 되면서 맛은 정말 끝내줍니다.

캘리포니아에서 열린 요가 교실

오, 이런 우연이!

오프라 윈프리!

마침 차를 갖고 있었다니 정말 다행이네요. 오프라 윈프리가 온다는 건 어떻게 아셨어요?

몰랐어. 그냥 늘 차를 갖고 다니거든.

133

2000년도에 73% 성장하고 나서 우리는 앞날에 펼쳐질 기회에 꿈이 부풀었다. 기회를 제대로 살리기 위해서는 자금이 더 필요했다.

얼마나 더 필요하지?

200만 달러

200만 달러면 더 바랄 게 없죠. 그럼 최소 2년은 돈을 융통할 필요가 없을 테니까요.

나중에 예상보다 훨씬 성과가 좋아서 후회하지 않게 가치평가를 제대로 해야 돼.

지난해 매출이 190만 달러였는데, 2001년도엔 얼마나 될까?

사람을 더 채용하고 마케팅할 돈이 있으면 750만 달러도 어려울 게 없죠.

그렇다면 2배로 해서 가치평가액을 1500만 달러로 하면 되겠네.

750만 달러

X2

투자자 미팅

사업이 지금 순항하고는 있지만, 평가액이 좀 높아요.

게다가 두 창업자의 신주인수권 때문에 회사가 성장할수록 우리 몫이 줄잖아요.

과거 매출실적에 근거해 평가액을 산정하는 것과, 아직 발생하지 않은 매출로 평가액을 추정하는 것은 전혀 다릅니다.

저희는 매출 목표 달성을 확신하고 있습니다.

보장할 수 있습니까?

달성한다면야 평가액이 적절하겠지만, 그렇지 않을 경우엔 투자자 보호 수단이 있어야겠네요.

목표를 달성하지 못하면 저희 지분 일부를 내놓아야 한다는 얘기군요.

그렇게 하면 저도 투자하겠습니다.

고문 변호사로서 그건 별로 추천하고 싶지 않은데.

하지만 안 그러면 평가액을 낮춰야 하고, 신주인수권뿐인 우리 지분은 휴지가 될 거예요.

그러나 2001년은 적절하지 않은 해였다.

이럴 수가!

지금 미국은 경기침체 상태로 돌입한 게 거의 확실합니다.

NASDAQ

136

9·11테러 뒤 우리는 애초 목표액에 미치지 못한 160만 달러를 모으고 추가 투자금 유치작업을 중단했다. 2001년에도 거의 70% 가까이 성장을 했다. 나쁘지 않은 실적이었지만, 매출액 320만 달러는 애초 우리가 보장한 700만 달러에 크게 모자라는 수치였다. 그 결과, 우리가 보유한 신주인수권 중 12만 5000주를 투자자들에게 넘겨야 했다. 아얏, 아파라!

사무실에 있어?

무슨 일이야, 조지?

2001년 10월 2일

공장 문을 닫게 됐어.

어째서?

스리리버스 보틀링

덴버경찰서에서 전화가 왔는데, 우리 공장에서 만든 ORA포텐시 과일음료에서 신체 일부인 듯한 물질을 발견했다는 신고가 들어왔대.

뭐라고?!

누가 장난친다고 생각했는데, 경찰은 심각해.

지금 공장을 조사하고 있어.

데니스한테 전화할게.

뭐라고요?!

괜찮으세요?

이게 대체 무슨 일이지. 콜로라도 사는 남자가 우리 음료수에서 이물질을 발견했대.

'남성 소동' 말이죠?

어떻게 알았어?

오늘의 빅뉴스입니다. ORA포텐시*라는 과일음료가 있는데, 후안 산체스-마르체스라는 사람이 그 음료를 거의 다 마신 후 병 아래쪽을 봤더니 7.5센티 정도의 잘린 남성이 있더라는 겁니다.

경찰이 산체스-마르체스 씨의 몸을 확인한 결과, 이상이 없었다고 하네요.

산체스-마르체스 씨는 이렇게 말했습니다.

"좋은 음료수이긴 한데, 앞으론 쳐다보지도 않을 겁니다."

* 포텐시potency는 힘을 뜻하며 남성의 성적 능력을 의미하기도 한다. ―옮긴이

인터넷에 쫙 퍼졌어요.

경찰이 직면한 가장 큰 난관은 그 이물질의 길이가 7.5센티라는 것이다. 설사 주인을 찾는다고 해도 자기 것이라고 인정하지 않을 가능성이 크다.

세스, 안 좋은 소식이 더 있어. 슈퍼마켓 체인 킹스수퍼스가 매장에서 ORA 제품을 철수시켰고, ORA도 콜로라도 전역에서 제품을 리콜하고 있어.

누가 소송 걸려고 넣은 거 아냐?

아직은 모를 일이야. 어쨌든 우리 공장이 문 닫을 수도 있어.

그 이물질 봤어?

나한텐 없고, 경찰에서 준 사진이 있으니까 곧 보내줄게.

이런 황당한 일이 있나.

시신?
희생자?
동물?

이틀 후

곰팡이라고?!

밀폐가 제대로 안 돼서 그런 거래. 병 속에 곰팡이가 들어가서 에헴, 거시기 모양으로 커졌대.

정말 다행이야. 그래도 음료수에 곰팡이가 들어가면 안 되지.

당연하지. ORA는 이제 끝났어. 리콜과 가동중지로 우리가 치를 비용도 엄청나고.

명복을 빕니다

O.R.A

훗날엔 웃어넘기게 될지도 모르지만, 정말 큰일 날 뻔했어.

맞아. 어니스트 티 제품이 그랬을 수도 있어.

최악의 경우엔 진짜 '그게' 들어갔을 수도 있었고.

가격은 어떻게 정하셨어요?

3단계를 거쳤어. 우선 가격과 소비자가 얼마를 지불할지의 관계를 고려해야 했지.

최종소비자가격을 1.39달러로 책정해봅시다. 슈퍼마켓이 통상 30% 마진을 챙기는 걸 감안하면 도매가격은 병당 97센트가 돼.

$$\$1.37 \times 70\% = \$0.97$$

슈퍼마켓 마진은 2%로 알고 있는데요.

전체적으론 그렇지. 임대료, 인건비, 공과금, 거기다 물품 훼손까지 감안하면 2%가 남는 거니까. 하지만 소비자가격 1.39달러짜리 물건의 도매가는 보통 97센트야.

유통업체도 30% 마진을 챙겨. 유통업체가 소매업체에 97센트에 넘기려면, 우린 유통업체에 68센트에 팔아야 돼.

$$\$0.97 \times 70\% = \$0.68$$

(센트 미만은 반올림)

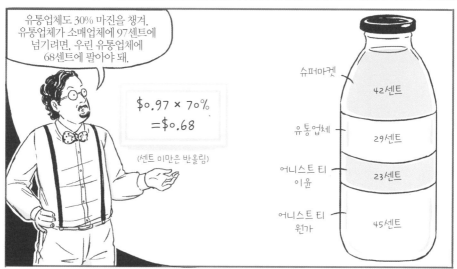

슈퍼마켓 42센트

유통업체 29센트

어니스트 티 이윤 23센트

어니스트 티 원가 45센트

최종가격은 처음 가격의 2배가 되네요.

68센트

23센트

45센트

맞아.
68센트가
1.39달러로.

그렇다면 왜 1.39달러로 정하셨죠?

애초에 우리 제품이 시장에서 목표로 하는 위치를 감안했지.

하지만 그 가격이 적당하다는 걸 어떻게 판단하나요?

그 질문이 바로 두 번째, 세 번째 단계의 일이야. 가격을 올리면 이윤이나 매출에 어떤 영향이 미칠지 고려하는 거지.

1센트 올린다면 도매가는 69센트가 돼서 1.5% 상승해. 우리 몫은 병당 23센트에서 24센트로 커지니까 4% 상승하는 거고.

1센트

23센트 → 24센트

가격을 올려야 한다고 생각하는 사람?

흠...
2/3 정도군.

전 반대예요. 가격 상승은 매출 감소로 이어져요.

1센트 올리면 소매가격은 2센트 올라가게 될 거예요.

1센트 = 1센트 1센트

그건 우리 바람이고, 실제론 1.41달러가 일반적인 소매가격 책정방식과 맞지 않기 때문에 소매점에선 10센트를 올릴 거야.

매출증가율이 67%인데, 가격 인상이 성장률을 60%까지 떨어뜨리면 결국 이윤은 감소하겠지.

$$1.67 \times \$0.23 > 1.60 \times \$0.24$$

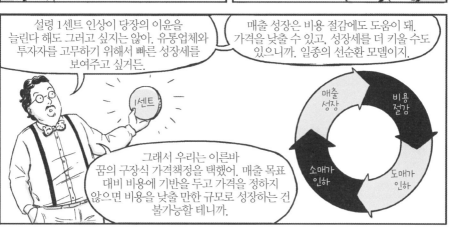

설령 1센트 인상이 당장의 이윤을 늘린다 해도 그러고 싶지는 않아. 유통업체와 투자자를 고무하기 위해서 빠른 성장세를 보여주고 싶거든.

매출 성장은 비용 절감에도 도움이 돼. 가격을 낮출 수 있고, 성장세를 더 키울 수도 있으니까. 일종의 선순환 모델이지.

그래서 우리는 이른바 꿈의 구장식 가격책정을 택했어. 매출 목표 대비 비용에 기반을 두고 가격을 정하지 않으면 비용을 낮출 만한 규모로 성장하는 건 불가능할 테니까.

매출 성장 · 비용 절감 · 도매가 인하 · 소매가 인하

소매업체와 유통업체가 고정마진에 근거해서 가격을 산정하는 이유는 뭔가요? 병당 마진을 정해놓는 건 말이 안 되는 거 같은데요.

30% 마진은 경험에서 나온 시장의 규칙 같은 거야. 음료업체의 가격 상승을 막는 데 효과가 아주 크지. 제조업체에서 가격을 올리면 결국 2배가 오르니까 매출 손실로 이어지거든. 이걸 막으려면 가격 인상을 많이 할 수가 없어.

경제학 수업에서 배웠어요. 이중마진의 문제죠.

사실 유통업체까지 따진다면 삼중마진이지.

×3

어쨌거나 30% 고정마진 방식은 우리한테 불리해. 소매점들은 스내플 한 병 팔면 30센트, 우리 제품 한 병 팔면 42센트를 남길 수 있어. 차지하는 매대 면적은 똑같은데도.

99센트

1.39달러

교수님이 소매점 주인이라면 어떻게 하실 거예요?

10% + 20센트

일괄적으로 30% 마진을 책정하는 대신 소매가의 10%에 20센트를 더할 거 같은데. 그렇게 하면 스내플 소매가를 99센트 묶을 수 있고, 어니스트 티 소매가는 1달러 29센트까지 낮출 수 있으니까.

교수님은 어니스트 티 편이니까 그렇죠.

최저가!

세일

소매점에도 유리해. 어니스트 티를 팔면 병당 2센트가 더 남으니까.

띵!

2센트 더

이쪽에 발을 들이는 게 아니었어요. 제조업체보다 유통업체가 더 많이 가져 가니까요. 상자 하나 떨궈줄 때마다 3.5달러 챙기는 거잖아요.

그렇게 생각하는 사람들 도 많아.

식품업체 퀘이커오츠가 스내플을 인수할 때 바로 그랬지. 거기 관여했던 벤처투자자 토머스 리가 작년에 와서 강의한 것도 그런 내용이고.

안녕하세요!

1994년에 스내플은 24개들이 상자 6000만 개를 팔았어요. 퀘이커는 중간유통업자를 빼고 직접 소매점에 납품하면 상자당 3.5달러를 더 챙길 수 있다고 생각했죠. 게토레이 유통하는 것처럼.

세전 2억 1000만 달러고, 세후는 1억 2600만 달러네요. 이 정도면 현재할인가치* 로 12억 6000만 달러가 되겠는데요.

맞아요. 그래서 퀘이커는 17억 달러가 적당한 가격이라고 생각했죠. 인수로 얻을 비용 절감까지 감안하면 고작 4억 4000만 달러로 스내플을 인수한 거라고 판단했어요.

유통업체들이 훨씬 많은 일을 한다는 걸 몰랐죠. 좋은 유통업체들은 자신이 공급하는 제품이 진열대에서 밀려나지 않게 계속 노력하거든요.

퀘이커는 유통비용을 엄청나게 절감했지만, 매출도 급락했어요.

오래된 광고모델들과 광고 계약을 해지한 것도 영향을 미쳤죠. 퀘이커는 27개월 만에 고작 3억 달러를 받고 스내플을 매각했고, CEO 빌 스미스버그도 물러나야 했습니다.

QUAKER

유통업체를 잘라내는 건 완전히 잘못된 결정이 될 수 있어요.

* 미래에 실현이 기대되는 가치를 특정 할인율을 적용해 현재 가치로 환산한 것으로, 인수합병이나 자본투자 등에서 판단의 근거가 된다. —옮긴이

2002년 초에 이르자 상황이 나아지는 듯했다. 캐나다 드라이 포토맥을 통해 텃밭시장에서 손꼽히는 유통망을 확보했고, 빅가이저를 통해 공략을 시작한 뉴욕에서도 좋은 성과를 거두었다.

New York

그러나 매출신장률이 70%에 육박해도, 이윤율은 여전히 25%를 밑돌았다. 현금에 쪼들리는 날이 계속됐다.

우리는 다시 투자자를 찾아 나섰다. 한 건의 투자를 받아내기 위해 5명 이상의 잠재적 투자자를 거쳐야 했다. 성공률을 높이기 위해서 세스는 투자자그룹을 대상으로 투자설명회를 갖기로 했다.

브랜드가 맘에 드네요. 아내도 이 음료를 아주 좋아합니다.

북버지니아 기술투자자클럽에서 열린 투자 설명회

제 친구 하나가 베이퍼-웨어닷컴이란 회사를 창업했어요. 대체 뭐하는 회사인지는 모르겠지만, 지분구조는 명료하더군요.

사회적 책임을 추구하는 투자자모임의 내부 컨퍼런스

그러니까 2001년 매출이 320만 달러였는데, 지금 회사 가치가 1300만 달러라는 거요?

올해 매출이 760만 달러로 예상되니, 예상 매출액의 2배도 안 되는 거죠. 소베의 경우 매출액의 2.2배로 펩시에 팔렸잖아요. 게다가 저흰 이제 막 급성장하기 시작했습니다.

매출 목표가 과하고 가치평가액도 높은 것 같군요. 평가액이 1000만 달러 이하면 투자할 수 있을 듯한데요. 물론 우선주*로요.

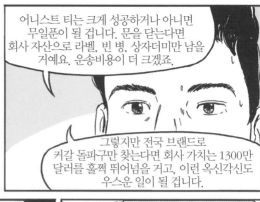

어니스트 티는 크게 성공하거나 아니면 무일푼이 될 겁니다. 문을 닫는다면 회사 자산으로 라벨, 빈 병, 상자더미만 남을 거예요. 운송비용이 더 크겠죠.

그렇지만 전국 브랜드로 커갈 돌파구만 찾는다면 회사 가치는 1300만 달러를 훌쩍 뛰어넘을 거고, 이런 옥신각신도 우스운 일이 될 겁니다.

행운을 빕니다. 난 에코-퍼핏닷컴에 투자할 겁니다. 그래도 계속 연락주세요. 선투자자가 생기면 맘이 바뀔 수도 있으니까.

도움이 필요한 건 지금이라구요.

안녕, 세스. 잘돼가?

예, 유기농 자연식품에서 가장 잘 팔리는 차가 됐어요. 아직 북동부지역 홀푸즈에는 납품 안 하고 있는데도요.

게리 허시버그

우리 레스토랑 오내추럴즈에서도 아주 잘 팔리고 있어. 내 아내 멕은 특히 커뮤니티그린티에 푹 빠져 있어.

반가운 얘기네요. 여기 있는 투자자들도 좀 알아주면 좋겠는데.

어, 반응이 어땠는데?

*보통주에 비해 이익, 배당, 잔여재산의 분배 등에서 우선적 지위가 인정되는 주식. —옮긴이

148

실적이 참 좋다고 칭찬은 하면서도, 정작 지갑은 열지 않네요.

나랑 얘기 좀 해야겠군. 바로 얼마 전에 스토니 필드팜의 지분 40%를 다농그룹에 넘기기로 계약했어.

와! 축하해요!

고마워. 꼬박 2년이 걸렸어. 내가 계속 경영권을 갖고 지분도 유지할 수 있게 됐어. 거기다 다농은 자기들 성장에 도움이 될 만한 기회도 내가 물색해주길 원하고.

저흰 150만 달러를 유치하려고요. 벤치투자사 몇 군데서 전액 투자가 가능하다면서도, 저희의 가치 평가에 계속 트집을 잡네요.

어니스트 티에 필요한 건 수익만 바라는 재무적 투자자가 아니야. 스토니필드가 투자할 수 있을지 한번 알아볼게.

그렇게만 된다면야!

만약 우리가 투자한다면 남은 주식을 대부분 인수할 거야. 그리고 나와 아내도 개인적으로 투자하고 싶어. 이사회 자리도 주면 좋겠고. 내가 했던 많은 실수를 자네가 되풀이하지 않도록 도울 수 있을 거야. 내 조언이 아마 투자금보다 2배는 가치 있을걸.

영광이에요.

아, 팀 스페리라고 북동부지역 홀푸스 구매담당자가 있는데 만나봐야겠네. 그 친굴 빼놓으면 안 돼.

게리와 다농이 투자를 고려하는 동안 또 다른 긍정적 신호가 왔다.

어느 고액자산가 요청으로 유기농 음료시장에서 투자할 곳을 알아보고 있어요. 한번 만나보시겠습니까?

로스 콜베어

좋습니다. 혹시 음료 시장을 좀 아는 분인가요?

그렇다고 할 수 있죠. 펩시콜라 유통업체를 2대째 하고 있으니까요.

pepsi

로스는 롱라이프티의 자금 유치도 도와주고 있어요. 그래서 사실 그쪽이랑 저를 연결하는 게 가장 쉬운 일이었을 거예요.

그런데 시장 분석을 해보니 어니스트 티가 계속 1등이더군요.

팀 테니

감사합니다.

50만 달러 이상 투자하고 이사회에도 참여하길 원합니다. 유기농 식품시장에 대해 배우고 투자금도 잘 살피고 싶어요.

게리 허시버그와 팀 테니가 이사회에 참여하고, 자금도 충분히 마련했다. 그리고 게리가 홀푸즈 구매담당자를 졸랐던 노고가 빛을 발했다.

깜짝 놀랄 소식을 전합니다. 우리 북동부 지역 판매망에 어니스트 티를 들이려고 합니다. 이미 다른 지역에서 충분히 성과를 보여주었으니, 이제 홀푸즈와 함께 전국 프로모션에 나서보시죠.

우와!

2002년 여름 성수기를 맞을 무렵, 우리는 마침내 순풍에 돛을 단 기분을 느끼게 됐다.

2001년 자연식품전시회

남아프리카에 있는 협동조합이 허니부시라는 허브차를 팔고 싶다고 연락했어요.

루이보스 말이야? 이미 시나몬골드러시에 들어가잖아.

루이보스랑 비슷하긴 한데 맛은 더 부드럽대요.

알아볼 필요가 있겠네.

안녕하세요! 전 엘튼이고 여기는 다비예요.

안녕하세요!

HONEST

맛이 확실히 달라요. 아주 맘에 드네요.

부드럽고 소박해. 꿀맛도 살짝 나는 거 같아.

미국정부의 지원금을 받아 남아프리카 농부들이 협동조합을 만들었어요. 토지를 구입하고 허니부시를 상업적으로 처음 재배하기 시작했지요.

재배지가 어딘가요?

HAARLEM

할렘이에요. A가 2개, 네덜란드식 표기죠.

할렘허니부시라고 부르면 되겠네!

그대로 팔아도 되겠어. 단맛 더 안 내고.

그곳 지역공동체 파트너십이 어떤지 더 알고 싶네요.

그렇다면 한번 오세요.

누구 만나러 가는 거예요?

새로 만드는 허니부시차 재배하는 분들이 남아프리카에 있거든.

집을 떠난 지 25시간이나 됐어요. 그냥 전화로 하면 안 돼요?

전화도 안 받을 때가 많고 이메일도 안 써, 팩스도 한 대밖에 없고.

서로 신뢰를 쌓으려면 직접 만날 필요가 있어.

네가 같이 가줘서 정말 좋구나. 아빠가 어떤 사람인지 보여주는 데 도움이 될 거야.

케이프타운

테이블마운틴이 정말 멋지구나!

저기 꼭 올라가요.

152

조나, 잠깐 기다려.

우와! 이런 곳이 진짜 있을 줄 몰랐어요!

다음날 다비와 함께

이 협동조합은 달라진 남아프리카의 일부예요. 아파르트헤이트 당시에 할렘 농부들은 백인 농장주 밑에서 날품팔이로 일하면서 생계를 이었어요.

상시고용은 20%에 불과했죠. 지금은 농부들이 1헥타르씩 땅을 보유해 자립해서 생계를 꾸려가요.

롱밸리 랭크루프에 오신 걸 환영합니다.

처음으로 만날 사람은 에벌린 이모예요.

진짜 이모예요?

아니, 하지만 존경의 뜻으로 모두가 그렇게 부른단다.

에벌린 이모는 이 지역 지도자이고, 협동조합운동을 이끄는 힘이거든.

웰콤!

KOM, LAAT EK JOU ROND WYS.

우리를 안내하겠대요.

허니부시를 작물로 재배하기 전에는 야생에서 채취했어요.

밝은 노란색 꽃이 활짝 피어야 어떤 나무에서 채취해야 되는지 가늠할 수 있었고, 1톤을 거두려면 8명이 2~3일 일해야 했어요.

한 번에 20킬로그램까지만 옮길 수 있어서 언덕배기를 여러 번 왕복했어요. 곳곳에 출몰하는 뱀을 피해가면서요.

이젠 경작지에서 재배하기 때문에 8명이 낫을 써서 단 2시간이면 1톤 분량을 수확할 수 있어요. 게다가 유기농 인증도 받을 수 있고요.

어떻게
된 거니?

럭비하다 다쳤어요.
여기 친구들이 맨발로
하길래 저도 맨발로
했거든요.

친구들만큼
발이 튼튼하지 못한
모양이구나.

조나, 에벌린 이모가 그러는데,
네가 여기 온 최초의
미국 소년이래.

잘 가, 조나.

베데스다 본사로 돌아와서

할렘허니부시 첫 제품을
막 배송했어요.

HONEST TEA

HARLEM HONEYBUSH

완벽한 파트너십이에요.
라벨에도 할렘 예술가가
그린 그림을 썼어요.

문제가 하나
있어요.

음… 약간
발효된
맛이네.

허니부시에서 곰팡내가
좀 나는 거 같아요.

다음 제품은 맛이
더 나아질 거예요.
진짜 중요한 건
그 협동조합과 우리가
맺은 파트너십
이에요.

우린 지금 소비자들에게
엄청난 걸 요구하고 있어요.
탄산음료를 버리고 들어보지도
못한 무가당 유기농 허브차를
마시라고 권하잖아요.

155

몇 달 뒤

할렘허니부시는 팔리지 않고 엄청나게 쌓여 있네.

잘 팔리는 다른 제품 들여놓을 공간만 뺏고 있어요.

사람들은 허니부시가 뭔지도 모르고, 뉴욕 할렘이랑 발음이 같아서 유기농 차 재배지라는 느낌도 안 나요.

소비자들은 우리의 파트너십엔 관심이 없나 봐.

관심을 갖도록 우리가 더 잘해야죠. 일단 맛을 개선하는 게 급선무예요.

곰팡내 느낌을 없애는 것부터 해야겠어.

설탕도 좀 넣고요.

몇 해 뒤

우리가 만든 석류레드티가 자연식품업계의 10대 음료에 뽑혔어요!

허니부시에게 다시 기회를 주게 되어 기뻐.

허니부시라는 이름은 안 들어갔지만, 석류레드티에 넣으면서 주문량도 전보다 더 늘었어요.

156

유통업체를 확보한 뒤에도 그들에게 동기부여를 해야 하는 과제가 남는다. 판매왕 콘테스트나 기타 인센티브 등으로 판매인력의 관심을 끌어내야 하는 것이다.

오늘은 존스소다와 어니스트 티의 프레젠테이션을 듣겠습니다.

코네티컷주 월링포드에서 열린 G&G유통의 세일즈 미팅

저희 우파스 에너지 음료는 엉덩이를 들썩거리게 할 정도로 끝내줍니다.

판매를 격려하기 위해 판매왕 콘테스트를 후원하겠습니다.

이달에 우파스를 가장 많이 파신 분께는 500달러, 2위에게는 100달러를 드리겠습니다.

이제 어니스트 티가 발표하겠습니다. 여기 댄은 낸터킷 시절부터 유명했으니 다들 알 테고, 이쪽은 공동창업자 배리, 뉴헤이븐에 살고 있습니다.

이 제품은 정말 놀라워요. 그 어떤 차와도 비교할 수 없는 맛을 자랑하죠.

우리 블랙포레스트 베리에 들어간 원료는 이렇습니다.

커런트
라즈베리
엘더베리

블랙베리

히비스커스

다른 음료과 같이 씹어보세요. 어니스트 티 맛이 대단한 건 바로 이렇게 원료가 끝내주기 때문입니다.

우적우적

와!

＊옛 1달러 은화 동전 크기만 한 작은 팬케익으로 보통 5개에서 10개가 한꺼번에 나온다. ─옮긴이

우리가 생산한 첫 차음료는 유기농 사탕수수설탕을 사용했지만, 찻잎은 아직 유기농 재료가 아니었다.

채소 씻고 난 뒤 그 물을 마시나요?

꿀꺽!

물론 안 마시죠.

차 원료를 우리에게 공급하는 에코-프리마티의 창업자인 애누파 뮬러는 우리에게 유기농 차의 장점을 알려주었다.

찻잎은 절대 세척하지 않아요. 차를 우릴 때에 찻잎이 물에 처음 닿는 거죠. 그러니까 우리는 차 씻고 난 물을 마시는 거예요.

그 말은 차에 뿌렸던 농약이

찻잔 속에 남는단 거네요.

유기농 차는 소비자들뿐 아니라 노동자들에게도 좋아요. 차나무 덤불을 헤치며 일하기 때문에, 농약을 뿌리면 그대로 마시게 되거든요.

또 유기농법은 다원 주변 생태계의 생물 다양성 유지에 큰 관심을 갖습니다.

완전히 이해했어요.

채소 씻은 물 얘기에 홀딱 넘어갔어요.

1999년 우리는 세계 최초로 병에 든 유기농 차음료, 퍼스트네이션페퍼민트를 출시했다. 모든 제품을 유기농으로 내놓는 여정은 그렇게 시작되었지만, 진척은 느리고 일은 쉽지 않았다. 때론 원하는 찻잎의 양이나 질, 가격이 안 맞는 경우도 있었다. 제조법을 바꿔야 할 때도 종종 있었다. 그러던 2002년 10월, 속도를 내야 할 환경이 조성됐다.

농무부가 유기농 인증제도를 시행한대요! 유기농에 대한 사회적 합의가 자리 잡고, 인증 기준의 관리·감독도 강화될 것 같아요.

그냥 100% 천연제품이라고 하면 안 될까? 유기농보다 이게 더 느낌이 좋은데.

천연제품 = 합성물질이나 인공 재료를 함유하고 있지 않은 제품

미국 **식약청**FDA

천연제품이라는 이름은 거의 모든 제품에 붙일 수 있어요. 심지어 원료에 농약이나 호르몬을 쓴 제품도요.

호르몬

농약

말토덱스트린

거대 식품회사 제너럴밀스는 에너지바 '네이처밸리'를 100% 천연식품이라 광고하며 수년간 팔았다. 그렇지만 캘리포니아주에 사는 두 엄마는 생각이 달랐다.

원재료를 보면 액상과당이나 말토덱스트린처럼 가공 수준이 높고 천연물질이 아닌 것들이 들어 있어요.

NATURE VALLEY.
100% Natural.
100% Delicious.

이제 네이처밸리는 더 이상 100% 천연제품이라는 문구를 쓰지 않는다.

좋아, 그렇다면 우리 모로코 민트차가 유기농 인증을 받으려면 뭘 해야 하지?

유기농 중국녹찻잎은 찾아냈지만, 유기농 페퍼민트오일은 시판되는 게 없어요.

페퍼민트 오일

가장 잘 팔리는 제품인데, 군이 손을 대야 할까요?

2주 뒤

자, 시음해봐요.

와! 어떻게 한 거예요?

민트오일 대신에 유기농 페퍼민트와 스피어민트 잎을 넣고 찻잎이랑 같이 우려냈어요. 비용은 좀 더 들지만, 완전 유기농에 맛도 더 좋아요.

마지막 과제는 라벨을 훼손하지 않고, 유기농 인증 표식을 눈에 잘 띄게 부착하는 일이었다.

병뚜껑을 열려면 그 표식을 볼 수밖에 없겠네.

USDA ORGANIC

유기농

점점 더 많은 다원이 유기농법으로 전환했다. 2004년에 이르러 우리는 원료를 모두 유기농으로 사용하게 되었다.

2002년 고객들을 대상으로 최신 제품인 레몬이 든 홍차의 라벨 디자인 콘테스트를 개최했는데, 응모작 하나가 우릴 놀라게 했다. T자 안에 유명 음료 브랜드 소베의 도마뱀을 그려 넣은 것으로, 응모한 이는 다름 아닌 소베의 창업자 존 벨로였다.

여러분, 존 벨로 씨를 환영해주세요. 소베를 창업한 지 5년 안에 매출을 2억 2500만 달러로 키웠고 펩시에 매각했죠. 매각대금은 3억 7000만 달러로 알려져 있습니다.

그리고 창업 첫해에 200만 달러 까먹고 집을 잡혀야 했지.

어떤 아이디어로 소베를 창업했나요?

음료업계의 비밀 한 가지는 제품을 불로장생약처럼 내놓아야 한다는 겁니다.

코카콜라는 약사가 만들었고 두뇌 강장제이자 히스테리 치료제로 팔렸죠. 세븐업은 조울증 치료제로 쓰이기도 했던 리듐을 함유하고 있었어요. 요즘도 자기네가 만든 마법의 음료를 마시면 불로장생할 수 있다고 떠벌리는 회사가 있죠.

그래서 성요한초, 은행잎 추출물, 셀레늄, 아연, 인삼, 에키네시아 등을 함유한 음료수가 있는 거예요.

저도 성요한초 음료 먹고 있는데, 갈증 정도에 따라 섭취량을 조절해야 하나요?

성요한초 함유량이 아주 적기 때문에 저라면 과다섭취 걱정은 안 할 것 같네요.

그러니까 다 마케팅 술책 이란 거네.

어니스트 티에 해줄 조언이 있나요?

불로장생약처럼 시장에 알리고 접근해야 해요.

그리고 제발 그 유기농 설탕이란 거 좀 더 넣으세요.

우리 제품은 자연식품 매장에서는 잘 팔리는데, 일반 식료품점에선 그리 신통하지 않아요.

2003년 어니스트 티 이사회

병이 스내플과 흡사해서 스내플 정도의 단맛을 기대했다가 실망하는 거죠.

그저 물보다 조금 더 맛있는 대용품 정도로 여겼다면 만족했을 겁니다. 기대치에 맞출 방법을 찾아야 해요.

소매업체에도 우리 제품이 시장성이 있다는 걸 알려야 해요.

스토니필드에서도 요구르트에 넣던 과일주스를 비용 때문에 설탕으로 바꾼 적이 있어요. 고객들이 반발할 거라고 걱정했죠.

설탕

그런데 가격을 낮춘 덕에 오히려 매출이 크게 올랐어요. 고객들은 감미료보다 요구르트 자체에 더 관심이 컸던 거죠.

가격 인하!

펩시 유통업자인 저는 단 음료가 잘 팔린다는 걸 알고 있습니다.

50% 할인 판매

게다가 유기농 차 브랜드들이 새로 나오고 있어서, 여차하면 어니스트 티는 틈새 중의 틈새 제품으로 전락할 수도 있어요.

유기농 차

약간 단

타조

롱라이프

존스 오가닉

어니스트 티

또 두 창업자가 어니스트 티를 특별한 브랜드로 키우려 한다는 것도 잘 알고요. 그렇지만 매출에 탄력을 받지 않으면 앞으로 자연식품 전문점에서만 보게 되지 않을까 걱정스럽습니다.

스와츠 이사님은 어떻게 생각하세요?

사실 난 모로코민트차를 좋아하는데, 설탕 더 넣는다고 브랜드의 애초 미션을 깬다는 생각은 안 들어.

좋습니다. 그러면 다음 제품에는 1회 음용량당 설탕을 한 스푼이 아니라 두 스푼을 넣고 사람들 반응을 알아볼게요.

× 2

HONEST TEA

좋네요.

그런 제품들은 라벨에 '약간 단'이라고 표기하면 되겠는데.

지금 공장으로 포천지 기사에 실릴 사진 찍으러 가는 중이야. 배경으로 쓸만해야 할 텐데.

그래? 사실 지금 롱라이프라는 유기농 차음료를 생산하고 있는데.

새벽 4시

그 회사 얘기한 적 있어. 농축액 쓰는 거야, 가루를 쓰는 거야?

어, 아니. 찻잎으로 만들고 있어.

정말이야? 어떻게 그럴 수 있지?

공장에 생산물량이 필요하니까, 우리 제조 시스템을 써도 괜찮다고 할 줄 알았는데.

뭐라고?! 나랑 먼저 상의했어야 하는 거 아냐?

제조 시스템 만드는 거 나도 도왔잖아.

하지만 어니스트 티는 그 비용을 치렀고, 더구나 우리 스스로 경쟁자를 만드는 건 안 되지.

이봐 세스, 공장은 여러 가지로 신경 쓸 게 많아. 그리고 나는 공장이 돌아가게 하려고 애쓰고 있다고. 우리 제조 시스템 쓰는 대신에 병당 25센트를 어니스트 티에 지불하도록 하면 어떨까?

내가 싫다면?

그럼 여기 인력 일부를 해고해야 겠지.

생수는 어디 걸 쓰는 거야?

안 좋아할 텐데….

파어웨이 생수

스리리버스 보틀링

우리 생수업체까지 알려줬단 말이야?

그게 그러니까….

아, 네네.

웃으세요.

조지는 도대체 무슨 생각을 한 거야?!

텍사스 오스틴에 있는 스위트리프라는 유기농 차업체도 우리 공장에서 생산하려고 준비하고 있더라고요.

오스틴? 우리한테 투자하고 싶다며 사업계획서 사본 보내달란 사람이 있었는데.

바로 그 사람이군요. 우리가 지나치게 내줬나 봐요.

스위트리프는 롱라이프만큼 우리 도움을 받진 않았다. 얼마 지나지 않아 조지는 공장을 그만두고 스위트리프로 가 컨설턴트가 되었고 나중에는 CEO까지 됐다.

2003년 6월 식품박람회장

이토엔?

일본의 엄청 큰 차음료업체죠.
설탕을 넣지 않은 차음료 제품으로
미국 시장에 막 진출했어요.

나한텐
녹차 맛이 너무
강한데.

요스케 혼조 씨?
우리 투자자 중에
같은 이름을 쓰는 분이
있는데요.

실은… 제가 바로
그 사람입니다.

일본 최고의 차회사와
연결해줄 수 있다고 하더니,
지금 보니 그게 본인이군요.

우리한테
투자한 지분
매각하셔야 할 것
같습니다.

167

2003년 우리는 주요 브랜드들로부터 여러 제안을 받기 시작했다. 이를 통해 유통망을 확대할 기회를 얻길 바랐다.

테틀리는 어떤 회사인가요?

세계 최대의 차 제조유통업체 중 하나로 온갖 종류의 티백 제품을 팔지. 고객 중 상당수가 학교, 병원, 심지어는 교도소 같은 기관들이야.

얼마 전에 인도의 타타그룹이 인수했다면서요.

맞아. 분명 타타 회장이 차에는 타타라는 이름보다 테틀리가 더 낫다고 판단했을 거야.

안녕하세요.

어니스트 티의 성과는 죽 지켜봤습니다. 제품도 맘에 들구요.

감사합니다.

우리는 이제 티백에서 병 제품으로 넓히려고 합니다.

네, 우리가 어떻게 같이할 수 있을까요?

우리는 구매담당자나 소매업체 들과 돈독한 관계를 갖고 있고, 어니스트 티는 뛰어난 제품을 갖고 있어요. 함께한다면 1등 차음료 제품을 만들 수 있을 겁니다.

유통을 맡아주는 거라면 기꺼이 같이하겠습니다만, 회사를 팔고 싶진 않습니다.

정말 입니까?

예, 지난해 거의 50% 성장했고, 올 매출은 600만 달러로 예상합니다. 그리고 처음 시작할 때와 다름없이 여전히 저는 일이 즐겁고 의욕도 넘칩니다.

다시 생각해보는 게 나을 거요. 매각하지 않으면 우리가 시장에 진입해 어니스트 티를 뭉개버릴 테니까요.

설령 매각을 고려한다고 해도 저 회사는 아니네요.

저런 회사라면 경쟁자로서도 별로 걱정이 안 되는데. 우리가 티백 만들 때 헤맨 것처럼, 저 회사도 병음료 만드는 게 쉽지 않다는 걸 알게 될 거야.

찻잎 공급업자들은 우리가 신제품 개발에 나설 때마다 종종 혁신으로 이어지는 길을 열어줬다.

우리 우롱차 시음해보세요. 무척 풍부하고 거의 훈연한 맛이에요.

우롱차는 중국의 지명에서 유래한 줄 알았어요.

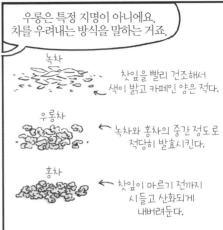

우롱은 특정 지명이 아니에요. 차를 우려내는 방식을 말하는 거죠.

녹차

찻잎을 빨리 건조해서 색이 밝고 카페인 양은 적다.

우롱차

녹차와 홍차의 중간 정도로 적당히 발효시킨다.

홍차

찻잎이 마르기 전까지 시들고 산화되게 내버려둔다.

우리 우롱차는 인도 다질링의 마카이바리에서 생산한 거예요. 세계 최초로 바이오 다이내믹농법*과 공정무역을 하는 다원이죠.

맛있네요! 복숭아차를 출시하려고 하는데 이거랑 딱 맞겠어요. 공정무역 인증을 받은 차를 구입하려면 비용이 얼마나 더 드나요?

약 20%요.

음, 수치를 좀 들여다봐야겠네요.

이 차 맛 좀 보세요. 유기농 현미시럽과 유기농 복숭아퓌레를 넣었어요.

홀짝 홀짝

환상적이에요! 독특하면서도 거부감이 안 드는 친숙한 맛이에요.

이걸 세계 최초의 공정무역 인증 차음료로 내놓는 거예요. 비용은 좀 들겠지만, 잘 해결해나갈 수 있을 거예요.

모든 제품에 공정무역 인증을 받을 순 없을까요?

* 화학비료나 농약을 사용하지 않는 유기농 수준을 넘어 지구와 천체의 순환까지 고려하여 재배하는 농법. ―옮긴이

우리 공급업체들이 모두 공정무역 인증을 받은 건 아니에요. 설령 공정무역 인증품을 쓸 수 있더라도 마진이 줄어들거나 아니면 가격을 올려야 하고.

하지만 그게 올바른 거잖아요.

그래요. 하지만 지금은 적당한 때가 아니에요. 적자를 면치 못하고 있는데, 마진을 낮춘다면 적자폭이 더 커지게 돼요.

고객들은 공정무역 제품이라고 돈을 더 내진 않을 거예요. 그러니 가격을 인상하면 매출이 하락하겠죠. 그건 우리 공급업체들에게도 좋은 일이 아니에요. 우리가 문을 닫게 되기라도 하면 더더욱.

공정무역에는 좀 더 장기적으로 접근해야 할 거 같아요.

이 제품을 널리 알리기 위해선 잘 어울리는 라벨 디자인을 만들어야 할 거 같아요.

버클리 브레디드가 도움이 될 거예요.

누구요?

1999년경 세스에게 온 이메일

드디어 제대로 된 차음료를 발견했습니다. 어니스트 티는 내 돈 주고 사는 유일한 음료예요. 병 아랫부분에서 휘돌아 떠다니는 찻잎 조각들을 보는 순간 가슴이 뛰더군요. 앞으로도 쭉 좋은 제품 내줄 거죠? 난 어니스트 티의 포로가 돼버렸어요.

버클리 B.

퓰리처상을 받은 만화 〈블룸카운티〉의 작가예요. 거기 나오는 펭귄 오푸스는 내가 제일 좋아하는 캐릭터이고, 버클리와 그의 처가 식구들은 우리 초기 투자자들이기도 하고요.

안녕하세요, 버클리! 끝내주는 차를 출시하게 됐는데, 라벨 디자인 좀 부탁드리려구요.

좋아요, 그 차는 어떤 맛인가요? 혹시 청어 내장차라면 T자 안에다 오퍼스가 게걸스럽게 먹는 모습을 그려 넣을 텐데. 원래 내가 이런 발상엔 소질이 있거든요.

하하, 청어보다는 복숭아우롱차를 생각하고 있어요.

재밌겠네요. 대가로 주식이나 좀 주세요. 그리고 이번 차는 단맛을 조금 더 내면 어떨까요? 저 같은 경우 어니스트 티 제품에다 늘 감미료를 조금 더 넣거든요.

좋습니다.

탁 탁

탁 탁

좋네요. 근데 오퍼스 표정이 좀 음탕해 보여요. 사람들이 찻잎을 다른 걸로 생각하지 않을까 싶네요.

복숭아도 분위기가 묘해.

혹시 찻잎 위치를 조금 옮겨줄 수 있나요?

2003년 출시된 복숭아우롱차는 곧 자연식품시장에서 가장 잘 팔리는 차음료가 됐다. 그 후 8년에 걸쳐 우리 제품 28개 모두를 공정무역 인증품으로 전환하는 데 성공했다.

홀푸즈 매장 두 군데서 전화가 왔어요. 우리 제품에 유리조각이 들어 있는 걸 고객들이 발견했다는데요.

다친 사람은 없대요?

2003년 여름

다행히도 없나 봐요. 유리조각이 워낙 커서 마시기 전에 본 거 같은데, 대체 어떻게 이런 일이 생기죠?

모르겠어요. 원인을 찾아볼게요.

어떻게 이럴 수가 있어?

90°C에 이르는 뜨거운 액체를 채우면 병이 깨질 수 있어. 유리니까.

90°C

깽

병이 깨질 수 있다는 건 알아. 하지만 우리 제품 안전절차가 어떻게 되지?

1.5미터

병이 깨지면 생산라인을 정지하고, 앞뒤 1.5미터 이내의 병은 모두 버리게 돼 있어.

또 뚜껑을 씌우기 전에 유리조각이 병 안으로 들어가는 것을 막는 가림막도 쓰고.

그렇다면 어떻게 이런 제품이 생산될 수 있지?

지난 6월에 들어온 병 중에 좀 조악한 게 있었어. 재고가 없던 터라 그냥 썼는데, 다른 병보다 훨씬 쉽게 깨지곤 했어.

기형　　　작은 기포　　　돌출

지금 방식으론 부족해.

지금처럼 압력을 가해 음료를 병에 채워 넣는 방식은 좋지 않아. 탄산음료에 쓰는 방식인데, 속도는 빠를지 몰라도 병에 금이 가면 터져버려.

중력으로 채워 넣는 방식이 필요해. 속도는 훨씬 느리지만 병이 깨졌을 때 유리조각들이 흩날리는 일은 없거든.

그럼 당장 그런 설비를 들여 놓자.

돈이 없는데.

선택의 여지가 없어.

홀푸즈에는 삼진아웃제도가 있는데, 이제 우리는 투아웃이에요.

모든 홀푸즈 매장에서 6월에 출시된 제품을 전량 철수시켜야겠어요.

이런 말하기 싫지만, 거기만이 아니라 모든 매장에 깔린 6월 제품을 전량 회수해야 할 거예요.

압력주입기를 수년 동안 썼으니 유리조각 들어간 제품이 더 있을 수 있잖아요?

두 사람 말이 모두 맞아요. 6월 이전에 만든 제품은 모두 회수해야겠어요. 수십만 달러가 들겠네요. 이런!

제품 진열을 하는 대신 제품 회수하는 데에 판매팀을 동원해야겠네요.

3년 만의 첫 휴가인데…

그러게요. 하지만 잘 이겨내면 최소한 우리 이름값은 하게 될 거예요.

이런 일이 다시 일어나지 않도록 해야 할 텐데요.

중력주입기를 도입하고 병 공급업체를 바꿨어요. 품질관리 책임자도 새로 고용했고요.

플라스틱병을 쓰는 것도 고려해야 돼요.

제품 폐기, 매출 손실, 이미지 손상 등등 어디 고소해서 보상받을 데 없어?

병 공급업체는 우리 공장에서 병을 잘못 다뤘다고 하고, 공장에선 애초에 불량품이었다고 하고, 결국 우리가 피해를 다 떠안아야 하는 상황이에요.

후일담: 우리와 규모가 비슷한 다른 회사 하나도 불량 병 때문에 똑같이 이런 일을 겪었다. 하지만 제품을 회수하지 않은 그 회사는 곧 문을 닫고 말았다.

빅가이저가 유기농 슈퍼 웨스털리마켓에 전시대 전체를 납품했대요.

4개에 5달러

와우, 잘됐네요.

한 달 뒤

웨스털리에 와서 우리가 진열해놓은 것 좀 보세요.

알아요. 이미 봤어요.

그럴 리가요. 지금 막 팔았는데요?

4개에 5달러

몇 주 뒤

빅가이저에서 전화를 했는데, 웨스털리를 자연 식품 유통업체에 뺏겼다고 무척 화가 나 있어요.

그런 모양이에요. 그쪽 직원이 남긴 음성 메시지 들어보세요.

이봐 마이크, 나 루인데, 니네 어니스트 티 말야. 그거 가져다가 니네 댄 캐버너 뚱뚱한 몸뚱이에나 처넣어버려. ×××× 어니스트 티 같으니!

무슨 일이에요?

이 친구가 관리하는 매장 하나가 빅가이저에서 우리 물건을 받다가 자연식품 유통업체가 우리 제품을 할인하면 그쪽으로 바꾸곤 하나 봐요.

HONEST TEA

HONEST TEA

제품이 매장에 깔려 있기만 하면 우리한텐 좋은 거 아닌가요?

유통업체들은 안 그렇죠.

그리고 우리 제품 상당량이 할인가로 나가니 수익도 해치고요.

경쟁하는 건 좋지만 우리 제품끼리 그러면 안 되죠. 다른 브랜드와 경쟁해서 진열대를 확보해야 해요.

유통업체도 자기 브랜드라는 마음가짐이 필요해요. 빅가이저의 루이스 사장이 이 얘기를 또 꺼내겠네요.

물론 그랬다.
어니스트 티가 참 맘에 들어요. 뉴욕 최고의 브랜드로 만들 수도 있을 거 같아요. 하지만 그러려면 독점 유통권이 필요해요.

다른 업체에서 어니스트 티를 취급하는 걸 우리 직원들이 보면 전적으로 밀어줄 수가 없어요. 가격을 후려쳐서 넘길 수도 있고요.

다시 본사에서 회의를 갖고
빅가이저에 독점권을 안 주면 자연식품 매장을 넘어선 유통망을 확보하기가 어려워요.

하지만 유나이티드내추럴*을 버릴 순 없어요. 우리한테는 가장 큰 유통업체인 데다 전국 유통망을 제공하니까요.

빅가이저 같은 매장 직배달 업체를 위해 별도의 제품을 만들면 어떨까요?

신제품

* 미국 최대의 유기농 자연식품 전문 유통업체로, 사회적 책임 및 기타 건강한 먹거리와 환경 관련 사회운동에도 선도적인 기업으로 명성이 높다.
—옮긴이

그러니까 동일한 브랜드에 내용물도 같고 단지 포장만 달리하자는 거예요?

예. 얼마 전의 리콜 사태를 생각해도 유리병 이외의 제품을 내놓을 필요가 있어요.

플라스틱병이면 학교, 캠프장이나 기타 유리병이 못 들어가는 장소에도 팔 수 있겠네요.

최근에 새로운 플라스틱병을 만들었다는 공급업자를 만났어요.

새롭다뇨?

그냥 둥근 유리병처럼 보이는데, 무게는 유리병의 1/7에 불과해요.

그렇다면 트럭 한 대의 적재량이 33% 느는데, 수송비가 엄청나게 줄겠네요.

조녀선 클락, 최고재무책임자 CFO

유리병 25.344개

플라스틱병 33.696개

2004년 우리는 가장 잘 팔리는 차를 선정해서 플라스틱병 제품을 선보였다. 그렇지만 우리 바람처럼 혼란과 실망이 없었던 건 아니다.

여기서 교훈을 얻은 우리는 플라스틱병 제품만을 위한 새로운 맛을 개발했다. 특히 헤븐리허니그린은 최고 판매량을 보였는데, 나중에 이름을 허니그린티로 바꾼 뒤에도 판매가 더 늘었다. 빅가이저 같은 매장 직배달업체는 파손이 적어 좋아했고, 다른 업체들은 독점 유통매장이 생겨서 좋아했다. 나중에 유통망을 넓히기 위해 다른 직배달업체와 접촉할 때도 호응을 받았다.

"어떤 부분이 가장 힘들었나요?" 사람들에게 이런 질문을 자주 받는다. 사실 모든 게 힘들었다. 자금 마련도, 차를 우려내 병에 담는 것도, 라벨 문구를 쓰는 것도. 마케팅, 채용, 해고, 판매 역시 힘들었다. 쉬운 일이었다면, 다른 누군가가 이미 해냈을 것이다. 쉬운 일이었다면, 우리는 티백 제품으로도 익히 성공을 거두었을 것이다.

학계 출신으로서 덧붙이자면, 두 분야가 특히 힘들었다. 하나는 생산 및 배송 같은 운영관리이고, 다른 하나는 사람과의 문제였다.

운영관리는 특히 힘들다

우리는 최고의 찻잎을 구하는 데는 돈을 맘껏 쓰면서도 운영관리에는 투자를 충분히 하지 않았다. 이 분야에 뛰어난 전문가를 찾는 데만 10년이 걸렸다. 몇몇 동료들은 훨씬 일찍 내보내야 했었다. 우리는 우리가 무엇을 모르는지조차 알지 못했다.

실수에 따른 비용은 실로 엄청나서, 운영관리책임자에게 지불하는 비용을 훨씬 초과했다. 제품을 폐기해야 했고, 판매 손실을 겪었으며, 브랜드 명성에 금이 갔다. 라벨이 뒤바뀐 사건, 2003년의 리콜 사태, 허니부시의 곰팡이 맛, 그리고 불량품 병 등등 생산공정 문제로 인해서만 100만 달러 이상을 잃었다. 그 비용은 차치하더라도, 재고가 없어서 어쩔 수 없이 불완전한 제품을 대량으로 시장에 내놓은 데 따른 이미지 손실은 결코 무시할 수 없다. 그때 나온 제품이 어떤 이들에게는 어니스트 티의 처음이자 마지막 인상으로 남아 있을 것이다.

실수는 쌓여가는 법이다. 병 1%에 흠집이 있어도 다른 99%에는 아무런 문제도 없을 거라고 생각하기 쉽다. 나도 그렇게 생각했다. 그런데 문제는 그런 흠집 있는 병들이 진열대에 남게 된다는 것이다. 그러면 얼마 지나지 않아 진열대 위에 놓인 제품의 20%가 흠집 있는 것들로 채워지고, 고객들은 이 제품을 불량품으로 생각하게 된다. 고객들이 찌그러진 병을 외면하고 다른 제품들을 사가면서 매출은 떨어진다. 시간이 좀 더 흐르면 진열대에 놓인 제품 중 50%가 하자 있는 것들로 채워지게 된다. 결국 1%의 문제가 100%의 문제가 될 수 있다는 말이다.

모든 변화에는 여파가 따른다. 나는 새로운 아이디어를 제시하는 걸 즐기는 사람으로서, 점진적 개선을 이끌 작은 변화를 여러 차례 제안했다. 그렇지만 개선으로 이어지는 경우는 거의 없었다. 라벨 재료를 바꿔보았지만 쪼글쪼글해져버렸다. 병을 가볍게 만들었더니 라벨이 들어맞지 않았다. 문제를 해결하는 데에는 시간이 걸린다. 창의적인 사람들은 뭔가 이것저것 바꾸기를 좋아하지만, 운영관리 쪽 사람들은 규칙적으로 반복되는 것을 좋아한다. 규칙적으로 반복되는 것을 깨면 상상외의 비용을 치러야 할 수 있다.

대충대충 하지 마라. 우리는 티백 제품 생산에서 명백한 실수를 저질렀다. 반면에 실제 중요한 분야라고 할 수 있는 차음료 제품에서는 촉을 잃지 않았다. 그렇지만 돌이켜 보면, 애초에 티백 제품 생산에는 발을 딛지 말든가 아니면 투자를 더 해서 그 분야 전문가를 채용해서 도움을 받았어야 했다.

천천히 가라. 혁신적 기업가들은 본능적으로 빨리 성장하고 모든 기회를 잡으려고 한다. "사람의 포부는 손이 닿을 수 없는 곳까지 뻗어야 한다."라는 로버트 브라우닝의 시구에 영감을 받는 사람들이기 때문이다. 혁신적 기업가들이나 학문을 하는 사람들이 크게 생각하고 사고의 영역을 넓혀야 하는 것은 맞다. 하지만 유통과 관련해서는 그렇지 않다.

2001년 우리는 미국 최대 서점 반스앤드노블 매장 내 카페에 납품해 전국 브랜드로 발돋움할 기회를 잡고 기꺼이 투자했다. 이미 시장에 자리를 잡고 있어서, 인지도가 있는 곳에서는 실적이 괜찮았다. 그렇지만 새로운 시장에서는 고객들이 새로운 음료를 마시려고 시도하지 않는다는 것을 알게 됐다. 그리고 다른 시장에서는 글자 그대로 배달을 할 수가 없었다. 뉴올리언스와 그 밖의 수십 개 도시에서는 서점 400킬로미터 내에 우리 유통업체가 하나도 없는 경우도 있었다. 나중

에 반스앤드노블이 매장당 음료 매출을 산출하니 어니스트 티는 실패로 분류되었다. 기회는 한 번밖에 없었고 우리는 바로 퇴출됐다. 성장할 기회를 잡지 못하는 것이 뼈아프긴 하지만, 유통망이 야심 찬 포부를 따라줄 때까지 기다리는 것이 훨씬 낫다.

사람과의 관계 역시 어렵다

게임이론 전문가로서 나는 상대방의 관점을 제대로 이해하는 것을 중요하게 여긴다. 상대방의 입장에서 생각한다는 것은, 내가 상대의 입장이라면 무엇을 할 것인가가 아니라, 상대가 처한 상황에서 그가 무엇을 할 것인가를 살펴본다는 뜻이다. 놀라운 얘기는 아니지만 말처럼 쉽지는 않은 일이다. 특히 상대가 처해 있는 입장이 우리의 처지나 세계관과 맞지 않을 때는 더더욱 그렇다.

사람들은 어리석게 행동한다. 그걸 바꿀 순 없다. 그 문제를 어떻게 해소할지를 생각해야 할 따름이다. 우리 제품이 너무 빨리 팔려나간다는 이유로 제대로 채워놓지 못하는 판매원이 있었는데, 나는 그가 해고되길 바랐다. 그렇지만 해고가 판매 신장으로 이어지는 것은 아니다. 우리는 그 매장에 더 큰 냉장고를 들여놓음으로써 그 문제를 해결했다.

구매담당자들을 제대로 이해하라. 그들은 보기와 다르다. 당신이 상대할 구매자는 계산대에서 돈을 치르는 고객이 아니라 유통업자와 소매업체의 상품담당자이다. 당신은 바로 그들에게 판매해야 한다. 산전수전을 다 겪은 그들은 종종 꽤나 냉소적인 태도를 보인다. 음료업계에는 남자가 많은데, 바로 이 상품담당자와 유통업자가 사업 성패를 좌우한다. 더군다나 이들은 설탕을 아주 적게 넣은 음료를 좋아하는 사람이 있을 거라고는 생각도 못한다. *

어니스트 티는 애초에 이런 사람들을 위해 만들어진 게 아니었다. 우리 이사회나 판매팀은 제품을 좀 더 주류의 입맛에 맞추자고 우

* 한 대형 유통업체의 구매담당자는 모르몬교 신자로 차를 마시지 않았다. 그런 사람에게 우리 제품이 얼마나 다르고 훌륭한지를 이해시키는 것은 무척 어려운 일이었다.

리를 설득했다. 이를테면 병당 9~17칼로리가 아니라 30~40칼로리 정도로 단맛을 늘리자는 것이었다. 이렇게 해서 나온 신제품도 여전히 구매담당자들의 구미에는 대부분 맞지 않았지만, 최소한 이런 맛을 좋아하는 고객들이 존재한다는 것을 구매담당자들이 깨닫게 됐다.

피할 수 있었던 실수들

돌이켜 봤을 때, 다시 기회가 주어지면 다르게 결정할 만한 일은 무엇이 있을까? 우리 자문 변호사라면 2001년도 매출액 보장을 하지 말았어야 했다고 할 것이다. 물론 당시에도 변호사 의견은 그랬다. 그런데도 우리는 왜 그의 의견을 따르지 않았을까?

실수의 근본 원인을 찾아보는 것은 늘 가치 있는 일이다. 우리는 그때 상당히 높은 평가액을 고집했고 투자자들의 반대도 강해서 매출 성과를 보장할 수밖에 없었다.

그렇다면 우리가 그렇게 무모할 만큼 높은 평가액을 내놓게 된 원인은 무엇일까? 단지 탐욕이라고는 생각하지 않는다. 그것은 아마도 혁신적 기업가들에게서 발견

되는 알 수 없는 낙관주의 탓일 것이다. 이는 우리가 계속해서 매출 목표를 달성하지 못한 데서도 잘 드러난다.

50% 이상 성장하는 상황이라 매출 성장률을 정확히 예측하기가 어려웠다고 변명할 수도 있을 것이다. 성장은 상당 부분 신규 납품 계약이나 유통업체에서 발생했는데, 이것이 제 궤도에 오르는 데는 시간이 걸렸다. 물론 설령 그렇더라도 우리가 지속적으로 지나치게 낙관적이었다는 사실은 부인할 수 없다.

그렇다면 우리는 왜 지나친 낙관주의가 빚은 실수에서 교훈을 얻지 못했을까? 그 낙관주의를 통해 신념을 다질 수 있었기 때문이다. 우리의 낙관주의는 우리의 야망과 맞물려 있었다. 테니스 스타 존 매켄로는 이렇게 말했다. "내가 이르려는 목표는 별과 달을 따는 것이고, 죽기살기로 한번 해볼 것이다." 설령 목표치에 이르지 못했을 때도 우리는 우리를 지탱할 만한 성장, 투자자들이 우리의 미래에 대해 흥분할 만한 성장을 이끌어냈다.

값비싼 비용으로 돌아온 매출액 보장의 진정한 원인은 우리가 객관성을 잃어버렸다는 점이다. 신생기업을 꾸려나갈 때 극대화된 목표치에 집중하는 것은 괜찮다고 생각한다. 오히려 바람직할 수도 있다. 그렇지만 우리가 다루는 게 음료임을 감안해야 했다. 객관적인 시각을 유지하고 있는 변호사가 매출액 보장에 반대 의견을 내면 거기에 귀를 기울여야 한다.

놀랍게도, 우리가 저지른 가장 큰 실수는 매출 예상치, 생산공정, 또는 사람과 관련한 문제가 아니라 바로 전략적 차원의 어리석음이었다. 어니스트 티 병음료 판매와 직접 관련이 없는 프로젝트에 한눈을 판 것이다. 우리는 티백 제품 생산과 공장시설에 자금력과 에너지를 소진했다. 더 심각한 것은 세스가 여기에 매달리느라 매출과 브랜드를 키우는 데 전념하지 못했다는 점이다.

왜 그런 실수를 했을까? 우리는 티백 제품에서 쉽게 성과를 거둘 수 있으리라고 판단해서 뭐에 홀린 듯 뛰어들었다. 고객들이 찾는 제품이었고, 판매팀에서도 충분히 팔 수 있었다. 기존 제품과 다르고 더 뛰어난 티백 제품을 출시할 적기라고

본 것이다. 쉬운 일은 없으며, 특히 뭔가 다른 것을 할 때는 더더욱 그러하다는 것을 잊어버렸다.

보틀링 공장과 관련해 저지른 실수는 좀 더 복잡하다. 위험을 미리 예상하지 못한 것은 아니다. 난관이 있을 것이며, 공장 운영이 우리의 강점이 아니라 약점이 될 수 있다는 것을 알고 있었다. 그런데도 인수를 결정한 이유는 무엇일까? 생산설비와 실험설비를 갖추지 못한 것이 더 큰 문제라고 보았기 때문이다(특히 사과 사이다 생산 시점에). 수요를 맞출 만한 생산 역량을 충분히 갖추지 못한 탓에 실패하고 시장을 뺏길까 봐 우려했다. 하나의 잠재적 위험을 회피하기 위해 또 다른 위험을 만들어낸 셈이다.

돌이켜 보면, 애초 생산공정을 위탁하던 공장에 비용을 더 지불하고 편하게 이용할 수 있게 하는 것이 더 나은 해결책이었을 수 있다. 당시 우리 규모로는 공장의 배려와 관심을 받기가 어려웠다. 2만 5000달러를 더 지불했으면 공장으로부터 더 많은 주문전화나 시간을 배려받을 수 있었을지도 모른다. 어쨌든 진단은 옳았지만, 해결책은 옳지 않았던 셈이다.

때때로 실수의 여파가 증폭되기도 했다. 우리가 스리리버스 공장을 매입하지 않았다면 차 제조 기술을 경쟁업체와 공유하게 되는 일은 벌어지지 않았을 것이다. 공장에서는 어쩔 수 없이 경쟁업체 제품을 위탁 생산해야 하는 일이 많았다. 공장은 손실을 보고, 동업자들은 우리를 조여오고 있었다. 그렇더라도 단호한 입장을 취했어야 했다. 물론 경쟁업체 제품을 위탁 생산하면서 공장이 얼마간의 매출을 올리고 있었고, 어차피 경쟁업체 제품을 우리 공장에서 위탁 생산해주지 않았다고 해도 그 업체들이 문을 닫는 일은 없었을 것이다. 그렇지만 그 업체들이 우리 차 생산설비를 이용할 기회를 갖지 못했다면 그런 품질을 갖추기는 어려웠을 것이다. 이 점은 우리가 분명히 알고 있다. 진짜 찻잎을 우려내는 최상의 제조법을 찾아내기까지 수년간에 걸쳐 실험했기 때문이다.

때때로 바보처럼 보여도 우리가 그렇게 어리석은 것은 아니다. 여기서 나는 우리가 저질렀던 실수를 강조하고 있음을 명심하기 바란다. 경영전략 및 비영리조직 분야의 손꼽히는 권위자이자 예일대 경영대학원 동료이기도 한 샤론 오스터 교수는 성공보다 실수에서 배울 때가 더 많다고 종종 얘기한다. 우리 경험을 이렇게 나누는 것도 그 때문이다.

물론 우리가 저지른 실수나 성공 사례를 이 책에 전부 담은 것은 아니다. 이를테면 보스턴 차 사건을 본떠 행사를 기획했는데, 참석한 사람이 하나도 없었다는 얘기는 넣지 않았다. 아마 다시 기회가 주어진다면, 비용과 시간을 훨씬 적게 들여 500만 달러 매출을 달성할 수 있을 거라 생각한다.

그렇다면 우리는 어떻게 실수를 만회했을까? 우리에게는 열정이 있었고, 우리를 믿는 투자자들이 있었다. 그리고 우리에게는 제대로 된 큰 그림이 있었다. 바로 이렇게 중요한 부분에서는 실수를 하지 않았다. 게다가 회사의 경영권을 잃을 수 있는 위험한 실수는 저지르지 않았다. 정직한 제품을 만든다는 애초의 취지로부터도 일탈하지 않았다.

초기 6년을 돌아보면, 지금은 너무나 명백해 보이지만, 내가 무릎까지 찻잎에 잠겨 허우적거리던 그때에는 거의 보지 못했던 두 가지 배울 점이 있다.

(거의) 유일한 문제는 매출이다

매출 없이 가능한 것은 없다. 유기농에다 공정무역 차를 만드는 우리처럼 사회적, 환경적 사명을 내세우는 회사도 매출을 크게 올리지 못한다면 할 수 있는 게 없다. 그러므로 좋은 제품을 만들어내는 것은 둘째치고, 어떻게 매출을 발생시킬지가 중요하다.

물건을 파는 것은 학위가 아니라 사람이다. 우리 회사의 일등 판매직원 중 상당수는 대학을 나오지는 않았지만, 중요한 의사결정을 내리는 사람들과 소통하고 존중받는 법을 알고 있다. 물론 그렇게 중요한 의사결정을 내리는 사람들 또한 대학을 다니지 않은 경우가 많다. 음료업계의 치열한 경쟁, 자녀를 키우면서 공통적으로 경험한 것들, 노틀담대학 풋볼팀의 공격진에 대한 촌평 등을 주고받으며 결국 판매 성공으로 이어질 개인적 관계를 만들어낼 수 있는 것이다.

회사 초창기에, 매출이 발생할 시장 상황을 보여주는 복잡하고도 멋진 엑셀 문서를 만들어낸 MBA 출신 직원이 하나 있었다. 그렇지만 엑셀 문서가 현실 자체는 아니다. 이 '판매직원'은 컴퓨터 앞에서 시간을 너무 많이 보낸 나머지 거리에서는 열정을 충분히 쏟지 못했다. 매출 신장 추세를 엑셀 문서로 만드는 것은 아주 쉽지만, 누군가는 그 예측치를 현실로 만들어내야 한다. *

* 심지어 회계사들을 포함해서 우리 회사 직원들은 모두 최소 1년에 몇 번씩은 판매 행사에 나간다.

첫째도 유통, 둘째도 유통, 셋째도 유통이다. 랠프 월도 에머슨의 말처럼 좋은 쥐덫을 만들어내면 사려는 사람들로 문전성시를 이룰 것이다. 그렇지만 그 덫이 무겁고 유리로 만들어졌다면 사람들이 집으로 가져갈 수가 없다. 인터넷기업이라면 이런 문제를 겪지 않겠지만, 다른 기업에는 유통업자가 필요하다.

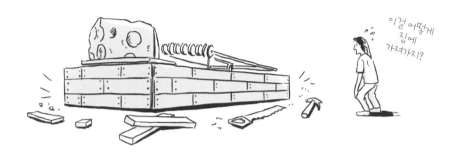

문제는 유통업자들은 판매 실적을 눈으로 확인하기 전에는 신생업체에 그다지 관심을 두지 않는다는 점이다. 매출이 없으면 애초에 유통업체가 관심을 주지 않거니와, 유통업체 없이는 매출 발생이 힘들다는 점에서 진퇴양난인 셈이다.

그렇다면 이런 상황을 어떻게 타개할 것인가? 내가 10살 때인 1975년, 보스턴 레드삭스는 월드시리즈의 저주를 거의 끝낼 상황까지 갔었다. 당시에는 미처 자각하지 못했지만 레드삭스 팬으로서 정체성이 형성돼가던 바로 그 시절이 내가 어니스트 티를 창업하고 가장 힘들었던 초창기를 이겨내는 데 도움이 됐다. 내가 레드삭스 구단에게 배운 세 가지는 다음과 같다.

점수를 따내라. 2004년 레드삭스는 아메리칸리그 챔피언결정전 패배에 세 타자만을 남겨놓은 상황에서 극적으로 경기를 이겼다. 그리 멋진 방식은 아닐 수도 있지만, 어쨌거나 '빅 파피' 데이비드 오티즈가 14회에 1루타를 치면서 경기를 뒤집은 것이다. 우리에게 관심 있는 유통업체를 찾기 어렵다고 판단될 때, 우리는 그들이 관심을 기울일 때까지 판매대로 올라가는 다른 방법을 찾아냈다. 치즈 유통업자와 소고기 통조림 유통업체, 구이용 목탄 유통업체와 손잡은 것이다. 그러다가 제대로 된 음료 유통업체를 확보하는 순간, 우리는 최적의 결과를 얻어낼 수 있었다.

해마다 4월은 온다. 혁신적 기업가는 끊임없이 실망과 좌절의 순간을 이겨내야 한다. 창업 후 몇 년 동안 우리는 소매업체, 유통업체, 레스토랑, 투자자 등등으로부

터 수도 없이 거절을 당했다. 사람들은 대부분 처음에 열 번 정도 거절당하고 나면 포기하고 만다. 그렇지만 레드삭스 팬으로서 나는 '아니오'가 '아직은 아니오'라는 걸 익히 알고 있었다. 유통업체 캐나다 드라이 포토맥으로부터 4년 동안 격월로 거절을 당할 때도 나는 항상 새로운 희망의 거처를 찾아내곤 했다. 순도 100의 끈질김(누군가는 스토킹에 가깝다고 할지 모르지만)이 우리를 지탱하는 힘이었다. 레드삭스 팬들은 좌절을 맛보거나 버키 덴트★에게 홈런을 맞은 순간에도 신속하게 다시 희망을 품는 능력이 있다. 우리에게는 캐나다 드라이 포토맥의 책임자가 바뀐 것이 새로운 기회를 준 셈인데, 야구화를 벗고 포기한 채로 앉아 있지 않았기 때문에 순식간에 생긴 기회를 잡을 수 있었다.

뉴욕에서의 게임은 꼭 이겨야 한다. 레드삭스 팬들은 9월의 결정적 순간이 보스턴과 뉴욕에 찾아온다는 것을 잘 안다. 어니스트 티를 전국 브랜드로 키우기 위해서는 뉴욕에서 우선 자리를 잡아야 했다. 벌어들인 것보다 더 많은 돈을 뉴욕 시장에 쏟아부었고, 결국 이러한 결정은 성과로 나타났다. 우리 브랜드가 통하고 있다는 것을 유통업체에게 입증하는 최상의 방법은 뉴욕에 데려다 직접 성과를 보여주는 것이다. 가장 경쟁이 치열한 시장에서 거둔 성과를 보여줄 수 있다면 다른 도시의 유통업체들에게도 얼마든지 우리 브랜드를 권할 수 있지 않겠는가.

신속한 유통업체 확보를 위해서 때로는 소매점이 거절할 수 없는 유리한 제안을 함으로써 주요 거래처를 확보해나가는 것도 도움이 된다. 설령 실행하면서 손실을 보더라도 감행할 필요가 있다. 그렇게 확보한 소매점은 브랜드 유통망을 확대할 때 아군이 되어 유통업체로 하여금 우리 브랜드를 취급하도록 설득하는 데 도움이 되기도 한다.

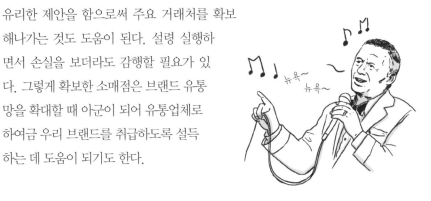

두 번째 중요한 것은 돈이다

넘쳐날 정도는 아니더라도 현금에 쪼들리지 않을 정도로 충분한 자금을 확보해야 한다. 자금력이 충분하지 않으면 항상 자금흐름에 안절부절못하게 된다. 안 그래도 될 상황에서까지 자금흐름에 신경을 곤두세워야 하는 문제가 발생하는 것이다. 초기에 자금이 풍족하지 않았을 때, 우리는 종종 예측하지 못한 지출로 곤란을 겪었다.

고객이 항상 제대로 대금을 주는 것은 아니다. 처음에는 무척 놀랐다. 고객이 대금을 주지 않는 상황은 내가 들었던 재무회계 수업에는 거의 나오지 않았으니까. 물론 '부실채권'이란 항목이 있는 것은 알았지만, 실제로 경험했을 때는 충격이었다. 마치 강도당한 느낌이었다. 사실 경찰에 신고하지 않는다는 점만 빼면 강도당한 거나 다를 바 없었다. 물론 법적 조치를 취할 수도 있지만, 어쨌거나 사업은 계속해야 하기 때문에 성과를 거두기 힘든 값비싼 헛수고이기가 쉽다. 사업이 성장하면서 유통업체의 수준도 높일 수 있었기에 대금 미지급 문제는 점차 없어졌지만, 초기에는 중대한 난제였다. 매출의 거의 10%를 악성채무로 손실 처리해야 했다. 앞서 점수를 내는 것의 중요성을 얘기했다는 점을 상기해보라. 시장을 넓히기 위해 여러 유통업체를 겪어봐야 했지만, 늘 결과가 좋았던 것은 아니다.

현금흐름을 제대로 관리하라. 경영계획은 이윤만이 아니라 현금흐름, 즉 은행 잔고가 얼마인지를 염두에 두고 이루어져야 한다. 성장하는데도 파산할 수 있다. 재무제표 수치는 근사한데 급여를 지급할 현금이 없을 수도 있다. 성장이 빨라질수록 융통할 자금은 줄어드는 것 같았다. 미수금이 쌓이면서 재고 유지에 더 많은 돈을 써야 했기 때문이다.

우선 현금흐름을 예측하는 것이 필요하다. 그리고 나서 가용자금의 활용도를 늘릴 방도를 찾아야 한다. 공급업체에 30일 단위가 아닌 60일 단위로 대금을 지급하는 것은 마치 이자 없이 차입하는 것과 같다. 우리는 사무실 가까이 있는 은행과 거래했는데, 이처럼 지역은행을 이용하면 자금 회전을 빠르게 하는 데 도움이 된다.

자금 부족이 항상 넘을 수 없는 장벽은 아니다. 우리가 자금이 충분하지 않았고 가끔 수금이 제대로 안 됐던 것을 감안하면, 이런 말은 위안이 된다. 이처럼 제한된 여건 때문에 우리는 목표 달성을 위해 창의적 방안을 찾아나서야 했다. 〈투데이쇼〉 같은 인기 텔레비전 프로그램에 광고할 여유는 없었지만, 우리 회사의 전국권역 마케팅담당자인 패트릭 재멋은 광고에 비견될 수준으로 우리 제품을 알릴 수 있는 묘안을 찾아냈다. 〈투데이쇼〉가 촬영되는 야외 세트장에 새벽 3시에 가서, 진행자인 맷 라우어가 영화 〈주노〉의 주인공인 엘런 페이지를 인터뷰하는 장면에 배경으로 등장한 것이다.

자금 부족이 항상
넘을 수 없는 장벽은 아니다.
아이디어 부족이야말로
넘을 수 없는 장벽이다.
―켄 하쿠타*

* 켄 하쿠타는 1980년대 최고의 인기 장난감 중 하나였던 웨키 월워거를 고안한 인물로 우리 회사의 투자사이기도 하다.

기회를 창조하는 데는 비용이 많이 따를 수 있지만 우연히 찾아오는 기회를 최대한 활용하는 데에는 비용이 그리 들지 않는다. 보이스카우트의 구호처럼, '준비하고 있어야 한다.' 나는 가방에 자사의 시제품을 갖고 다니지 않는 기업가들을 볼 때마다 놀라곤 한다. 물론 제품이 너무 크다면 이해할 수 있지만, 설령 그렇더라도 사진이나 동영상이라도 갖고 다녀야 하지 않을까. 우연히 오프라 윈프리를 만난다면 기꺼이 보여줄 수 있도록 말이다.

자금이 너무 풍부해도 어리석어질 수 있다. 사업을 제대로 이해하기 전까지는, 자금이 풍부하면 오히려 값비싼 실수를 저지르게 될 공산이 크다. 우리는 대체 우리가 무슨 일을 하고 있는지 모른다는 것을 잘 알고 있었다. 운이 좋게도 우리는 자연식품 판매망을 통해서 제품을 출시했다. 이쪽 고객들은 새로운 제품을 찾아다니고, 제품의 미흡한 점에 다소 너그러운 태도를 보인다. 지역의 소규모 시장에서 시작했기 때문에 우리는 실수가 커지는 걸 막을 수 있었다.

얘기를 더 진행하기 전에 마지막으로 언급하고 싶은 게 있다. 경영대학원 시절, 나는 훌륭한 책임자는 직원을 해고할 필요가 없다고 생각했다. 하지만 조직이 빠

르게 성장하다 보면 실수를 저지르게 마련이고, 좋은 사람들이라도 잘 맞지 않는 상황에 직면할 수도 있다. 심지어 좋은 사람이지만 조직과 같이 성장할 수 없는 경우도 생길 수 있다. 여전히 꺼리긴 하지만, 나는 사람들을 해고하는 일에서 예전보다 나아졌다. 분명하고 단호한 태도를 취하는 것이, 느리고 고통스럽게 누군가를 서서히 밀어내는 것보다 나와 직원 모두에게 더 낫다는 것을 깨달았기 때문이다.

돌이켜 보면 우리가 어떻게 살아남았을까 싶다. 레드삭스 팬이나 자존심이 있는 기업가라면 도전자로서 마음을 편히 먹어야 한다. 우리 회사는 규모로 치면 글자 그대로 우리 천 배쯤 되고, 마케팅 예산만으로도 우리 매출액을 가뿐히 넘는 그런 회사들과 경쟁했다. 우리는 하룻밤 사이에 모든 걸 이룰 수 없다는 것도, 때로는 시련을 겪게 되리란 것도 알고 있었다. 그렇지만 언제나 다음해 4월이 있다는 것 또한 잊지 않았다.

음료전쟁
에서
살아남기

뉴델리

다질링

우리 가족은 이 다원을 1859년부터 운영했단다.

나는 영국에서 대학을 다녔는데 서양식 생활방식을 즐겼어. 그때만 해도 여기로 돌아와 산다는 건 거의 생각해본 적도 없었거든.

아버지는 이런 나 때문에 걱정을 많이 했지.

하지만 인간은 계획하고, 신은 바꾸지.

어느 날 나는 다원 근처에서 말을 타고 있었어.

그때 멧돼지 한 마리가 앞을 가로질러가는 바람에 말에서 떨어졌어.

땅에 처박혀 움직일 수도 없던 그때 나는 한 가지 맹세를 했단다.

다시 일어서서 걸을 수만 있다면 지금까지와는 다르게 살겠어.

그래서 마카이바리를 인도 최초의 유기농 다원으로 만들었어.

이곳은 세계 최초의 공정무역 다원이기도 해.

차뿐만 아니라 대지를 소중히 여기지.

아주 좋은 말씀이네요. 그렇지만 저 호랑이 박제가 멋진지는 잘 모르겠어요.

마카이바리는 정말
경이로운
곳이에요.

대부분의 다원은 차만 단일
재배해요. 숲을 밀어내고 차
나무를 심죠.

재배방식은 좀 더 효율적일 수 있
지만, 단일 식물종이 득세하면 환
경 전체가 바뀌어버려요.

다양성은 점차 사라지고 가
뭄이나 곰팡이, 곤충 같은
자연의 위협에 대처하는 생
태계의 능력도 점차 떨어지
게 되죠.

운동선수가 한 가지 운동만
하다 보면, 부상당하기
더 쉬워지는 것과 같아요.

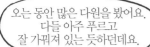
오는 동안 많은 다원을 봤어요. 다들 아주 푸르고 잘 가꿔져 있는 듯하던데요.

맞아요. 그렇지만 가까이 들여다 보면 흙더미들이 빗물을 가두지 못할 정도로 마르고 얄팍해진 걸 볼 수 있을 겁니다.

더욱 중요한 것은 생명의 흔적을 찾아볼 수 없다는 거예요. 새도 나비도 그 어떤 동물요.

마카이바리는 일종의 야생 동물원입니다. 전체의 2/3 이상이 우림지대이고 자연식생이 그대로 보존되어 식물과 동물 다양성이 믿기 힘들 정도로 유지되고 있어요.

벌레도 엄청 많구요.

맞아요. 새로운 종이 발견됐을 수도 있어요. '차의 여신' 이라는 곤충이 있는데, 몸이 찻잎을 빼닮았죠.

제가 마셔본 최고의 차네요.

많은 사람들이 그렇게 말합니다. 얼마 전에는 경매에서 킬로그램당 391달러에 팔렸어요. 신기록이죠!

으아아악!!!

몇 시간 뒤

엘리, 샤워 다 했니?

예, 엄마!

안녕!

이쪽으로 와보렴.

이것 봐. 내 욕실에도 한 마리 있지? 이 친구는 아침마다 나한테 인사를 한단다.

나도 그렇고 이 친구도 나를 귀찮게 안 하거든.

안녕!

공정무역을 통해 어니스트 티가 자금지원을 한 사업 중 하나가 이곳 일꾼 자녀들을 위한 컴퓨터교습소예요.

이건 아이들을 망치는 거예요. 미국 아이들처럼 방에 틀어박혀 컴퓨터 화면만 쳐다보게 될 거예요, 자연을 즐기고 탐구하는 게 아니라요.

조나, 여기 아이들은 대부분 다윈 일꾼들의 고손자들이란다.

부모세대와 달리 이 아이들은 더 많은 기회를 누릴 권리가 있어.

교육이야말로 여러 기회에 접근할 수 있는 가장 좋은 길이지. 이 교습소가 없다면 컴퓨터나 인터넷을 사용할 수도 없을 거야.

여러 해 동안 온갖 종류의 차량을 사용했지만, 우리한테 딱 맞는 것은 없었다.

첫 번째로 구입했던 중고 초록색 닷지 캐러밴에는 병 모양 스티커 2개를 붙였다. 배달 차량으로서는 효과적이었지만, 고급 음료 이미지는 제대로 전달하지 못했다.

2001년 동부지역 시음행사를 위해서 레저용차량을 빌렸다.

이거 괜찮네. 숙박비용이 절감되니 차 임대료 내고도 남겠어.

비용 절감 효과를 챙기는 것은 이제 그만! 결국 인턴들을 위해 호텔 방을 빌려야 했다.

2002년에는 할렘허니부시에서 이름을 따와 '할렘허니버스'를 마련했는데, 할렘허니부시보다 조금 더 성공을 거두는 데 그쳤다. 이름은 좋았지만 유지비용이 많이 들어 겨우 한 시즌밖에 사용하지 못했다.

우리 브랜드와 연관되면서 제품 운반에도 쓸 수 있는 차량이 필요했다.

토요타 프리우스는 어떨까요?

실용성이 떨어져요. 최소 30상자는 실어야 하는데, 20상자밖에 안 들어가요.

미국 자동차회사 중에 하이브리드차 만드는 데 없나?

포드가 소형 SUV를 하이브리드로도 내놓는다고 하던데요. 제 동생이 기자니까, 프로젝트 책임자가 누군지 알아볼 수 있을 것 같아요.

Ford

그쪽을 알아보자구요. 할인해서 살 수도 있을 테고. 시도해볼 만한 것 같아요.

어디 가세요?

디트로이트에. 포드사 임원들을 좀 만나려고.

저는 자동차 운전은 절대 안 할 거예요. 사람들이 모두 자전거를 탄다면, 훨씬 건강해지고 휘발유 소비도 엄청 줄어들 거예요.

네 말 맞아, 조나. 근데 저번에 아빠가 자전거에 차 한 상자 싣고 온 일 기억나니?

이런!

물건을 운반하려면 차가 필요할 때가 있단다.

저희는 자연식품업계에서 포드의 홍보대사 역할을 할 수 있습니다. 저희 소비자들이야말로 포드가 다가가려는 그런 소비자들입니다.

저희 회사 차량은 동부와 서부 어디든 수백 개가 넘는 행사장에 갑니다. 영화제, 사이클이나 마라톤 경기, 콘서트장에 대형 자연식품 매장 등등.

여름에는 시음용으로 수만 병을 환경과 건강을 생각하는 소비자들에게 나눠주기도 했습니다.

대단하네요. 그런데 어니스트 티가 사람들에게 많이 알려졌나요?

1년 판매량 350만 대

1년 판매량 780만 병

매출액은 적을지 몰라도, 저희 어니스트 티는 시장에서 자리를 굳혔습니다. 작년에 미국 내 판매량은 포드사의 2배에 이릅니다.

저희와 같이한다면 이스케이프 하이브리드는 전설적인 명차, 모델 T의 뒤를 잇는 모델 TEA가 될 수 있을 겁니다.

몇 달 뒤 캘리포니아주에서 열린 로하스 컨퍼런스

지금 제가 포드와 함께 무엇을 하려는 걸까요? 사실 어니스트 티와 포드, 이 둘보다 더 극명하게 대비되는 짝을 찾기는 힘들 것입니다.

포드는 어니스트 티의 2만 5000배에 달하는 거대 기업입니다. 포드사가 이스케이프 하이브리드를 사람들에게 알리고 싶었다면 덩치가 비슷한 핀란드와 함께했어야 하지 않을까요?

매출액 1380억 달러

GDP 1420억 달러

저희가 차음료를 유기농으로 만들기로 결정한 것처럼, 포드 또한 더 지속가능한 방향으로 가고 있습니다. 단순히 정부의 요구나 소송 때문만은 아닙니다. 그보다는 더 위력이 강한 것, 다름 아닌 소비자의 요구 때문이죠.

저희는 이스케이프 하이브리드가 수백만 대에 이르는 일반 SUV를 대체하기를 바랍니다. 그렇게 해서 생태계에 힘을 불어넣고, 미국의 에너지 의존도를 떨어뜨리기를 바랍니다.

이제 여러분께 이 멋진 차, 티 이스케이프를 소개합니다.

이름을 모델 TEA로 하지 그랬어? 그럼 완벽했을 텐데.

포드에서 이스케이프를 넣어 달라고 했어요. 차를 받았으니 그렇게 해줘야죠.

자금 유치가 또 다시 필요했다. 2004년 12월, 여성들이 이끄는 뉴욕의 벤처캐피털사 솔레라 캐피털과 미팅을 가졌다.

이미 유기농 식품업체 애니스 홈그로운에 투자하고 있기 때문에 어니스트 티의 시장 상황은 잘 알고 있어요.

저도 애니스 좋아해요.

어니스트 티에 800만 달러를 투자하고 싶어요. 그런데 한 가지 문제가 있습니다.

어떤 문제요?

어니스트 티에서 제안한 가치평가액 2050만 달러는 너무 높네요. 매출액이 590만 달러이고 이윤이 아직 없다는 걸 감안하면 후하게 쳐서 1200만 달러 정도가 적당하다고 생각해요.

$$\frac{800만}{(1200만 + 800만)} = 40\%$$

그럼 지분 40%를 가져가겠네. 이런!

그렇지만 우리가 원하는 건 200만 달러입니다. 그 정도면 우리 브랜드를 다음 단계로 키워 나가기에 충분할 거라 생각합니다.

새로 출시한 플라스틱병 제품군을 생각해보세요.

경쟁이 날로 격화되고 있어요. 스타벅스는 타조를, 펩시는 소베를 밀고 있잖아요. 어니스트 티도 지금 더욱 공격적으로 밀고 나가야 해요.

판매직원과 지역책임자를 더 고용하고 광고도 시작해야죠. 그러려면 운영자금이 필요할 테고.

800만 달러를 현명하게 쓸 수 있을지 자신이 없네요.

크게 생각하세요! 아주 중차대한 시점이에요. 잘나갈 수 있다는 걸 보여줘야 해요. 게다가 우리 자금 규모로는 그렇게 적게 투자할 수는 없어요.

우리 회사 임금, 마케팅비, 임대료 다 합쳐도 250만 달러가 안 되는데…

투자 규모를 키우란 말도 일리는 있어. 그렇지만 급선무는 매출액을 키워 평가액을 인정받는 거야.

거기다 그들은 투자금상환권*과 잔여재산 분배우선권**, 이사회 자리 2개도 요구하고 있잖아. 그럼 우린 회사 지배권을 완전히 포기해야 돼.

저도 그게 걱정스러워요. 특히 솔레라가 지배권을 확보하고 나면 창업자들이 거의 회사에서 손을 떼더라고요.

엘리, 힘내!

사모투자업체의 관심 대상이 된다는 건 좋지만, 치러야 할 비용이 큰 것 같아요.

그쪽 제안을 받아들이면 우리가 보유한 주식의 가치가 떨어지겠지. 어쨌거나 지금 성장하는 추세를 감안하면, 그 제안을 굳이 받아들일 필요는 없어.

기존 투자자들에게 연락해보는 건 어때? 더 좋은 제안이 나올 수도 있잖아. 안 되면 솔레라 안을 받아들이면 되고.

* 우선주를 받은 투자자가 투자 전에 특정 주식가격을 정해놓고, 그 가격에 도달하면 기업에 주식을 되사줄 것을 요구할 수 있는 권리. —옮긴이
** 회사가 해산할 경우 주주가 남아 있는 재산의 분배를 우선적으로 청구할 수 있는 권리. —옮긴이

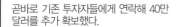
곧바로 기존 투자자들에게 연락해 40만 달러를 추가 확보했다.

파도 하나를 넘을 자금은 확보했고, 앞으로 운영자금은 어떡하지? 재고와 미수금 규모가 150만 달러를 넘어서 계속 늘고 있거든.

워싱턴디시의 시티퍼스트뱅크가 우리 회사 신용한도를 80만 달러로 올려줄 거 같아요.

그거 좋은 소식이네.

그런데 문제가 좀 있네요. 우리 둘 모두 개인적으로 담보를 제공해야 된대요.

선택의 여지가 없네.

다른 좋은 소식은 또 없어?

실적이 좋아요. 1000개가 넘는 타깃 매장에 3가지 제품을 납품하고 있어요.

크래커배럴에서도 시험판매를 하기로 했어요. 레스토랑 및 잡화 매장이 500개래요.

세이프웨이 슈퍼마켓에 입점시킨 음료 6종이 모두 자연음료 분야 상위 30위 안에 들었고, 추가로 3종류를 더 납품하기로 했어요.

내년 되면 매출액 1000만 달러를 달성할 것 같아요.

고마워. 그런 말이 필요했어.

모자란 투자금도 몇 달 안에 기존 투자자들에게서 모두 모을 수 있었다. 2005년 매출은 62% 성장하여 960만 달러에 달했고, 2006년이 되자 1350만 달러를 향해 순항했다. 그 시점이 되자 우리는 자금을 더 유치해도 성장에 박차를 가하는 데 잘 사용할 수 있겠다는 생각이 들었다. 매출 증가가 뒷받침해준 덕분에 주식 가치 하락에 대한 우려도 어느 정도 해소할 수 있게 됐다.

그해 가을, 자금력이 아주 풍부한 개인투자자가 한 사람을 만났다. 이름은 빌이라고 해두자.

어니스트 티 제품을 아주 좋아해요. 마침 건강식과 유기농 식음료에 대한 관심이 커져가는 상황에 딱 맞는 거 같습니다.

저희의 성장을 북돋아줄 투자자를 찾고 있습니다만…

전국적 성장을 제가 도울 수 있습니다. 월마트, 코스트코, 타깃, 세이프웨이의 CEO들에게 소개하고, 호스트매리어트나 아라마크 같은 식품 유통업체들과도 연결해줄 수 있어요.

저는 건강 및 의료 부문에서 상당한 투자실적을 갖고 있습니다.

뽀직

8000만 달러

선투자자로 나서 50만 달러에서 8000만 달러로 매출을 키우는 데 힘을 보탠 적도 있죠.

운영관리 쪽 인력을 찾고 계신 걸로 아는데

제 네트워크를 통해 뛰어난 후보자들을 만나볼 수 있을 겁니다.

그리고 다른 사모업체와 달리 우리는 장기적으로 투자합니다.

자금은 어느 정도 필요하세요?

1000만 달러요. 딱 그 액수여야 하는 건 아니지만, 그 정도면 추가 자금 유치는 필요 없을 것 같습니다.

그럼 전 뭘 얻나요?

회사 지분의 24%를 드리죠. 평가액은 3100만 달러로 산정했습니다.

그 수치는 어떻게 나온 거죠?

지난 12개월간 매출액의 3배에 이월결손금*은 더하고 부채는 뺐습니다. 2007년 매출추정치의 1.3배입니다.

좀 높긴 한데, 투자하지요.

한 가지 조건이 있는데요, 종업원 지분을 좀 높였으면 합니다. 12% 정도로 설정하면 좋겠네요.

사무실로 돌아와서

근데 종업원 지분에 대한 요구는 전혀 이해 못하겠어. 이미 우리 회사에는 뛰어난 경영진이 있고, 지분 인센티브도 다양하게 갖추고 있는데.

뭔가 다른 게 있는 거 같아요.

그래도 우리 지분 가치가 떨어지거나 하는 큰 문제는 아닐 거야. 빌 얘기대로 12% 종업원 옵션 풀을 구성한다면 그 친구한테 줄 지분을 24%에서 26.5%로 올려주면 될 테고.

좋아요. 투자계약서에 서명할게요.

* 이전 사업연도에서 넘어온 결손금으로, 다음 사업연도 과세표준액 계산 때 이 금액을 공제할 수 있기 때문에 가치평가액 산정에 그만큼 플러스 요인이 될 수 있다. —옮긴이

그리고 물론 참가적 우선주를 원합니다.

우리가 서명한 투자계약서엔 없는 내용인데요.

빌의 변호사

조지 로이드, 어니스트 티의 변호사

참가적 우선주를 받겠다는 것은 다른 누구보다 먼저 투자금 1000만 달러를 챙기겠다는 말이다. 거기다 주식 가치가 상승하면 그건 그것대로 더 받겠다는 얘기다. 물건을 산 뒤 환불 요청을 해서 돈은 돈대로 받고, 물건 또한 돌려주지 않고 갖는 것이나 마찬가지다.

다 가지세요!

참가적 우선주 향수

우리 투자금 규모를 감안하면, 마땅히 참가적 우선주를 받아야겠어요.

받을 자격이 있다 없다의 문제가 아니에요. 애초에 우리가 무엇에 합의했느냐가 중요한 거죠. 다른 투자자들과 마찬가지로 보통주를 매입하기로 했잖아요.

그건 우리 비즈니스 방식이 아니군요. 우린 항상 참가적 우선주로 받습니다.

빌과 얘기해 보셨어요?

빌은 신혼여행 중이에요. 그리고 제가 이 투자 건을 전담하고 있습니다.

다른 방도를 찾아 봐야 할 것 같네요.

우리가 21일의 투자지분 매각제한기간을 갖고 있는 건 알죠? 그동안에는 우리 말고 다른 사람과 지분 협상을 할 수 없습니다.

21일 뒤에 다시 자금을 유치할 수 있을지 자신이 없네.

당신네랑은 같이하지 않을 거요. 도저히 신뢰가 안 가네!

협상 이후 전화 통화

배리, 거기서 그러면 안 되는 거였어요. 그쪽에 의견을 바꾸라고 할 수도 있었잖아요.

우리가 자포자기로 나오길 기다린 거예요.

사실 우리 재무상황을 아니까 그리 나오는 게 맞죠.

내 돈을 회사에 넣어서 헤쳐 나가도 돼.

몇 주 뒤

오해가 생겨 미안합니다. 말씀하신 대로 보통주로 받기로 한 게 맞아요. 계약을 마무리지을 수 있을까요?

오해를 풀어주셔서 감사합니다만, 서로 입장이 다른 거 같네요.

몇 주 뒤에 우리는 전략적 투자자 두 곳으로부터 전액 보통주로 1000만 달러를 유치했다. 네슬레와 연관된 사모투자회사인 인벤티지스와 스토니필드팜이었다.

빌이 지분 추가 설정을 요구한 이유를 나중에 건너 듣게 됐다.

그래서 경영진 몫으로 12% 지분 추가 설정을 요구한 이유가 뭐래요?

새로운 TEA-EO를 끌어들일 보상수단을 마련하려고 한 거야.

2005년 레스토랑 체인인 치킨 아웃 로티서리에게서 자기네 브랜드의 차음료를 만들어달라는 요청을 받았다. 레서피 개발에 열중하던 와중에 레모네이드 개발 요청도 추가됐다. 못 만들 이유가 없었다. 우리는 단맛이 그리 강하지 않은 크랜베리레모네이드를 개발했다.
결국 받아들여지지 않았지만, 우리는 훌륭한 제품을 만들었고 '티' 밖에서 사고하는 법을 배우게 됐다.

모든 사람이 차를 마시는 건 아니에요. 그런 사람들을 위해 새로운 제품군을 개발해야 해요.

예를 들면?

첫 제품으로 크랜베리레모네이드 어때요?

우려낸 게 아니라서 문제 될까요?

그렇지 않을 거야. 정직하잖아. 유기농 재료를 쓰고 시중의 다른 제품보다 훨씬 덜 다니까.

그러니까 우리는 여전히 정직한 음료회사란 말이죠? 첫 제품군이 차음료였다고 해서 우리 스스로 한계를 지을 필요가 없다는 거고.

바로 그거예요. 이 시장엔 기회가 엄청 많아요. 그렇지만 성공하려면 여러 가지 맛으로 구색을 갖춰야 해요.

지금 석류와 관련된 제품이 엄청 뜨고 있어요.

석류주스는 터무니없이 비싸요. 또 너무 달고.

그럼 묽게 만들면 되죠. 아이들 사과주스를 만들 때도 그렇게 하거든요.

맛은 쉽게 잘 나왔다. 우리는 크랜베리레모네이드와 라임에이드를 우선 출시한 뒤 석류블루베리와 오렌지망고도 내놨다. 맛내는 것보다 어려운 일은 기존 차 제품과 연관성을 가지면서도 과일음료의 정체성을 드러내는 라벨 디자인을 만드는 것이었다.

크랜베리
레모네이드

오렌지망고

석류블루베리

라임에이드

214

이름을 바꿔서 디자인을 궁리해보는 건 어떨까?

T의 윗획을 아래로 내려서 플러스 기호처럼 만들 수도 있을 것 같은데.

아주 획기적이네요. 근데 너무 십자가처럼 보여요.

T를 뒤집어서 모자처럼 하면 어떨까요? 링컨 대통령의 별명인 어니스트 에이브 Honest Abe 를 재치 있게 변용한 걸로 보이지 않을까요?

그건 너무 귀여운데. 도움이 필요하겠어. 다른 디자이너들한테 아이디어를 더 구해보자고.

마케팅책임자의 여동생인 바네사의 도움을 받아보죠. 그래픽디자이너인데, 우리랑 일해보고 싶어했거든요.

안녕하세요!

이건 어때요? 어니스트의 H를 강조한 거예요.

하버드대학교의 H를 연상시키는데, 게다가 T만큼 그림이 사는 거 같지 않고.

A를 쓴 건 어때요?

H와 같은 문제가 있네요.

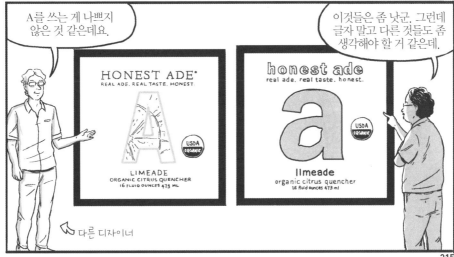

A를 쓰는 게 나쁘지 않은 것 같은데요.

이것들은 좀 낫군. 그런데 글자 말고 다른 것들도 좀 생각해야 할 거 같은데.

다른 디자이너

215

정직함에 집중하는 것 같은데, 영양정보를 정면 라벨에 넣는 건 어때요?

처음엔 신선해 보일지 몰라도, 열 번쯤 보게 되면 고객들이 싫증을 느끼게 될 거예요.

설탕을 아주 적게 쓴다는 걸 강조할 수도 있죠.

중요한 점이긴 한데, 그렇다고 음료수병을 확 낚아채고 싶을 정도는 아니에요.

좀 더 추상적인 건 어때요?

기하학적 도형과 과일 형상이 맘에 들긴 하지만, 기존 차 제품과 느낌이 너무 다른데.

바네사가 마지막 아이디어를 갖고 왔다.

좀 더 현대적이고 깨끗한 느낌으로 해봤어요. 애플의 라벨 디자인을 떠올려보세요.

아주 좋아! 라임 조각을 하나만 넣어서 해볼까요?

바로 이거야!

2006년 5월

좋아. 그렇다면 판매원 1인당 매출액 기준으로 기존 우리 유통업체 중에 상위 50%에 들어야 한다는 건 어떨까?

코카콜라 유통업체이니 마땅히 평균 이상이어야죠.

상위 50%

유통업체

바로 그 점 때문에 동의할 거야. 게다가 사람들이 자신의 능력을 과대평가한다는 행동경제학적 편견에도 맞아떨어지고.

80%에 이르는 사람들이 자신을 평균 이상이라고 생각하지

80%

마치 레이크 워비곤* 같네요. 아이들 모두가 자신을 평균 이상이라고 생각하는 동네 말이에요.

LAKE WOBEGON

바로 그거야. 나 역시 영원히 코 꿰이는 상황은 상상하기도 싫지만, 만약 그 업체 매출이 평균 이하로 떨어지게 되면 최소한 계약을 파기할 순 있을 거야.

* 라디오쇼에 등장하는 미네소타주의 가상 마을로, "여자는 모두 강인하고, 남자는 모두 미남이며, 아이들은 모두 평균 이상인 곳"으로 소개된다. 사람들이 스스로를 평균 이상이라고 믿는 경향을 '레이크 워비곤 효과'라 부르기도 한다. —옮긴이

2006년 9월

오전 7:20

오전 7:40

오전 8:00

여기가 베다스다 최고의 주차장소지.

오전 8:10

보내는 이: 로렌스
제목: 어니스트 티 덕에 제 삶이 바뀌었어요

저는 어니스트 티 제품을 좋아해요. 세스와 배리, 두 분의 노력 덕에 설탕 넘치는 스타벅스 모카커피를 끊을 수 있었습니다. 더 중요한 것은 어니스트 티가 맛있다는 거에요. 특히 골드러시시나몬이요. 헤브리허니그린도 좋고요. 저는 펜실베이니아대학교 학생인데요, 어니스트 티를 파는 학교 카페테리아까지 종종 먼 길을 걸어갑니다. 점심때면 벌써 다 팔려버리곤 해서 매주 주문을 많이 하라고 부탁해야 해요. 두 분은 정말 음료의 천재예요. 어니스트 티 제품은 단순한 차 이상이에요. 온몸으로 경험할 수 있죠. 감미료 안 넣은 맛있는 차를 병에 담아 팔 수 있다는 생각을 그동안 아무도 하지 않았다는 게 정말 믿기 어려울 정도예요.

감사를 보내며, 로렌스

탁
탁

안녕하세요 로렌스!
멋지고 고마운 말로 가득 찬 이메일 감사합니다. 그런 반응은 바로 저희 가 어니스트 티를 시작할 때 바랐던 것이에요. 학교 내 다른 곳에서도 어니스트 티를 팔라고 요청하는 건 어떨까요? 그럼 걷는 수고를 좀 덜 수 있겠죠. 물론 많이 걷는 게 나쁘다는 것이 아니라 더 많은 사람들이 어니스트 티를 좀 더 쉽게 접할 수 있기를 바라는 마음에서 하는 얘기입니다. 저희 제품을 즐기고 주위에 더 많이 알려주세요. 저희는 아직 작은 회사여서 그렇게 해주시는 게 성장하는 최상의 방법인 것 같습니다.

정직을 담아서, 세스 드림

보내는 이: 스티브
제목: 라벨

세스 그리고 배리에게
제품은 맘에 들어요. 그런데 왜 라벨이 느낌 좋은 종이 가 아니라 역겨운 플라스틱인 거죠?

탁
탁

안녕하세요 스티브.
처음에는 저희도 종이 라벨을 썼는데, 얼음 속에 넣어두거나 병에 물기가 생기면 색이 변하고 구겨지거나 손상되는 경우가 발생하더군요. 쉬운 결정 은 아니었습니다만, 제품이 판매되는 과정에 라벨이 훼손되지 않도록 해야 했습니다. 또 플라스틱 라벨은 재활용 처리과정에서 녹기 때문에 오염이 심하지 않다는 점도 감안했습니다.
감사합니다.

세스 드림

보틀링 공장과 전화 회의

새로 디자인한 플라스틱병으로 시험생산을 해봤더니 20% 정도가 타원형으로 찌그러져.

오전 8:30

어니스트 티 유통에 관심을 보이는 매사추세츠주 유통업체와 전화 통화

케이프코드에 있는 레스코 매장 사람들에게서 어니스트 티에 대해 좋은 얘기를 들었어요. 우리도 어니스트 티를 한번 들여놓으려고 합니다.

좋아! 엄마가 근처 가게에서 어니스트 티를 살 수 있는 날이 곧 오겠구나.

오전 9:30

지잉~

판매 현황

매사추세츠주 중부의 유통업체 아틀라스와 계약을 맺었어요.

델라웨어주 잡화 체인 해피 해리스 구매담당자에게 매주 전화 공세

안녕하세요 존, 어니스트 티의 세스 골드먼입니다. 저희 제품을 해피 해리스에서 시험 판매 할 수 있을까요? 그 지역 편의점 업체인 와와 매장의 매출이 아주 좋게 나오고 있어서 해피 해리스에도 납품하고 싶은데요.

삐!

오전 10:30

오랫동안 거래한 은행을 떠나다니 기분이 좀 그렇네요. 작은 지역은행이 할 수 있는 신용대출 수준을 우리가 넘어버렸으니 어쩔 수 없지만.

오전 10:45

시장조사

CAFE X-PRESS
DELI-CAFE

HONEST TEA

오전 11:30~오후 1:30

제로가닉ZEROGANIC이란 단어에서 무엇이 연상되나요?

맛은 어때요?

다시 시작해야겠어.

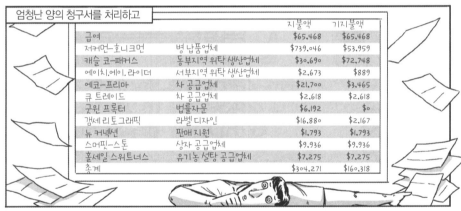

오후 3:00

오후 4:30

자이언트 구매담당자께, 내일 보스턴으로 날아가 퀸시에 있는 사무실에서 직접 뵙는다는 사실이 믿기지가 않습니다. 버지니아에 살면서 메릴랜드 지역 매장의 구매 업무를 맡고 계시다고요? 아마 자이언트가 뉴잉글랜드 지역에 있는 스톱앤드숍과 합병해서 그런 것 같네요.

오후 5:15

오후 7:00

223

오후 7:45

오후 9:00

난 다이어트
스내플이 더
좋은데

오후 9:15

매사추세츠주에서 유통망을
확보한다는 측면에서 아주
좋은 일이야.

어머니가 무척
좋아하시겠군.

오후 9:45

새로 거래하는 은행에서는 신용대출 한도액이 얼마야?

300만 달러요. 그런데 우리 둘의 개인 보증이 있어야 한대요.

알았어. 선택의 여지가 없네.

시장조사 해봤더니 고객들은 제로가닉이 칼로리 제로인 유기농 음료를 뜻한다는 걸 모르더라고요.

ZERO
+
ORGANIC
=
ZERORGANIC

HONEST TEA

10 calories

TANGERINE GREEN TEA

근데 그 음료는 4칼로리야. 0이 아니라. 설탕을 약간 넣어 칼로리를 10으로 해서 어니스트 텐이라는 이름을 붙이면 어떨까?

괜찮을 것 같네요.

홀짝

오후 10:15

오후 11:00

ZZZZ...

오후 11:04

제가 수동운전을 배워야 하는 이유가 도대체 뭐예요?

그렇게 해야 남자친구가 네 차를 운전 못할 거 아냐.

2007년 3월

남자친구 없는데요.

그거 참 감사한 일이다

해들리에 있는 홀푸즈 매장에 잠깐 들러보자. 우리 가는 길에서 겨우 10분 거리야.

아빠, 오늘 제 대학교 둘러보러 가는 길이에요. 매장이 아니라. 거기다 이미 하트포드에서 한 번 들렀잖아요.

사실 하트포드에는 홀푸즈 매장이 두 곳이야. 집에 가는 길에 나머지 한 곳도 둘러보자.

WHOLE FOOD

안녕하세요. 어니스트 티 공동 창업자인 배리라고 합니다. 저희 제품을 취급해주셔서 정말 감사합니다. 물건 정리하는 것 좀 도와드릴까요?

아 예... 그러세요

아빠를 모르는 척할 수도 있지만, 좀 도와주면 훨씬 빨리 끝날 거야.

거의 다 왔어요.
저기 휴론에서
좌회전하면 돼요.

2007년 시카고

멜라니, 지금 막 사진 보냈
는데 확인해봐요. 홀푸즈
골드코스트 매장에 물건 좀
채워놔야겠어요.

우리 시카고대학교의
어떤 점에 끌렸는지
얘기해볼래요?

저는 이 학교의 엉뚱함이
맘에 들어요. 그리고
강의를 진지하게 생각하는
점도 좋구요.

되게 이상했어요. 면접관이
계속 어니스트 티를
마시더라구요.

아빠가 창업자라고
얘기했니?

대학 진학은
제 문제라고요.

맞아.

그렇지만 재미있어요.
우리 가족 말고도
어니스트 티를 사는 사람들이
있다니.

227

2007년 초, 어느 날

왜 시카고에 또 가는 거예요?

거기 엘진박물관에 할아버지 가족의 사진이 전시되고 있대.

왜 계속 기다리는 거예요? 벌써 한참 전에 탔는데.

어, 버락 오바마다!

손님 여러분, 저희 비행기는 앞으로 30분 더 지상에서 대기해야 합니다. 그동안 자리에서 일어나 기내를 돌아다니셔도 됩니다. 꼬마 승객들께서는 조종실을 방문하셔도 좋습니다.

조종실에 가볼까?

꼭 가봐야 해요?

와 버튼이 굉장히 많아요!

오바마 상원의원님, 안녕하세요. 저는 어니스트 티 공동 창업자 세스 골드먼입니다. 저희 음료수를 좋아하신다고 들었습니다.

그래요! 공항 오는 길에도 커뮤니티그린을 마셨지요.

그러셨군요. 여기 제 아들녀석들이에요. 조나, 엘리, 아이작이에요.

안녕, 얘들아.

의원님, 제가 의원님을 그린 건데요. 사인 좀 해주시겠어요?

안녕하세요. 저는 오바마 선거 사무실에서 일하는 레지 러브라고 하는데요, 저희 의원님한테 잘 맞을 만한 어니스트 티 제품 하나 추천해주실래요?

어니스트 티 본사

카페인 없는 제품을 원하세요. 깨어 있게 해주는 음료는 이미 충분하거든요.

블랙포레스트베리가 좋겠네요. 구입할 수 있는 매장을 알려드릴게요.

의원님이 좋아하시네요. 고마워요!
―레지 러브

어니스트 티에서 나온 블랙포레스트베리라니, 오바마 같은 유명인사들이나 어디서 찾기도 어려운 그런 유기농 음료를 좋아하는 거죠.

릭 데이비스, 매케인 선거 운동 담당자

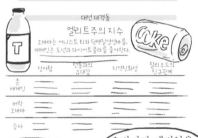

Newsweek

대선 대격돌
엘리트주의 지수
오바마는 어니스트 티와 달걀흰자 오믈렛을, 매케인은 도넛과 다이어트 콜라를 좋아한다.

	상아탑	전통과의 유대감	지역친화성	할리우드의 지인관계
존 매케인				
버락 오바마				
승자				

제 경쟁자에게 이건 꼭 물어야겠네요. 그게 당신이 내놓을 수 있는 최선의 질문인가요? 그게 우리 국민의 삶에 무슨 가치가 있습니까?

대통령 선거전에서 우리가 화제가 된다는 게 믿어지세요?

오바마가 에비앙을 마신다면 모를까, 우리 완전 미국 기업인데 왜 그러는지 모르겠어.

230

알려지는 건 좋은데, 릭 데이비스는 왜 우리 제품을 찾기 어렵다고 한 거야?

사실이 그렇잖아요.

2009년 1월 20일 대통령 취임식이 열렸다. 우리는 특별 한정판으로 '버락포레스트베리'를 만들어 오바마 대통령에게 전달했다

특정 정당과 지나치게 가까워 보이는 거 같은데, 괜찮을까?

CAFFEINE-FREE

HONEST TEA

USDA ORGANIC

BARACK FOREST BERRY

젤리벨리캔디도 레이건 대통령이 좋아해서 반사 이익을 누렸어요. 게다가 공화당 중진 몇 분도 우리 음료를 즐긴대요.

안녕하세요. 해군 조달처인데요. 어니스트 티를 백악관에 들여놓으려고요.

백악관의 냉장고

231

아빠 맨날 건강한 음료만 생각하면서 내 도시락엔 왜 그렇게 단 음료수를 넣는 거예요?

CAPRISUN

여보, 이 작은 음료수가 100칼로리나 한대. 탄산음료보다 설탕이 더 많아.

설탕이 아니라 액상과당이에요.

좋은 질문 이구나.

카프리썬이 아이들 음료 시장을 싹쓸이하고 있어요. 우리도 아이들 음료를 출시해야겠어요.

어니스트 에이드를 파우치에 넣으면 될 거 같은데

칼로리를 카프리썬 절반으로 줄일 수 있을 거예요.

더 줄일 수도 있을걸.

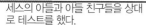

게다가 다른 좋은 제품명도 없고.

재활용 가능한 파우치를 쓰는 건 어때요?

어려울 거예요. 플라스틱 부분은 재활용할 수 있지만, 바닥의 알루미늄은 따로 분리할 수 없거든요.

포일

파우치가 다른 어떤 포장재보다 원자재를 적게 써.

Stonyfield

음료 98% 파우치 2%

대부분의 재활용 포장재가 재활용되지 않아. 적게 쓰고, 다시 쓰고, 재활용한다는 3단계에서 적게 쓰는 게 가장 중요한 이유가 바로 그 때문이야.

맞아요. 그렇더라도 재활용은 여전히 포기하고 싶지 않아요.

어니스트 티 이름이 박혀 있는 쓰레기는 만들고 싶지 않다는 거지.

업사이클링은 어떨까요? 폐기물을 더 가치 있는 제품으로 만드는 거죠. 테라사이클이란 회사가 잘한대요.

이런 걸 만들어본 적은 없지만, 사용한 파우치를 보내주시면 그걸 이어서 필통이나 가방 등을 만들 수 있을 것 같네요.

톰 제이키

아이들이 직접 보내긴 어려울 테니, 학교에 수거를 요청해보죠. 파우치 하나당 2센트를 기부하는 식으로 학교에 되돌려주면 될 거예요.

우선 파우치 수거 장소를 100군데로 시작하면 어떨까요?

파우치 수거 프로그램에 착수한 지 24시간 만에 100군데 수거지가 모두 결정됐다.

재료로 쓸 파우치 폐기물보다 업사이클링된 제품을 사겠다는 요청이 더 많아요. 그동안 멋진 제품도 많이 만들어냈군요.

2007년 8월

업사이클링은 고급문화시장에도 도달했다. 피아니스트 이소연은 카네기홀 연주회 때 디자이너 니나 발렌티가 만든 드레스를 입었는데, 어니스트 키즈 포도주스 파우치 5000개로 만든 것이었다.

The New York Times

And What About the Straws?

FEBRUARY 14, 2008

파우치 업사이클링 사업이 아주 잘되고 있어요. 이게 어니스트 티의 고유한 아이디어인 건 저도 잘 압니다만, 크래프트와 손잡고 카프리썬 파우치로도 해보고 싶은데 어떠세요?

저희가 바라는 건 아이디어를 독점하는 게 아니라 수없이 나오는 파우치 폐기물을 줄이는 데 도움이 되는 겁니다. 카프리썬과 얼마든지 같이하세요.

2012년까지 테라사이클은 6만 7000개에 이르는 수거처에서 보내온 1억 4000만 개 이상의 음료 파우치를 업사이클링했다.

어니스트 티의 성공 사례를 얘기하려면, 종종 힘든 육체노동까지 해야 하는 판매직원들을 빼놓을 수 없다. 그들이야말로 우리의 사업 아이디어를 구체화시켜 날마다 판매대에 올려놓는 사람들이다. 여기 어니스트 티의 이름 없는 영웅 두 명을 소개한다.

마이크 피—최고의 현장 세일즈맨

2004년부터 뉴욕시와 뉴저지주에서 매장 직배달 업무를 맡고 있다.

좋아하는 어니스트 티:
허니그린, 하루에 두 병을 먹는다.

미국 레슬링 국가대표팀 시절 얻은 경쟁심과 다소 불편한 오른쪽 엉덩이

재밌는 사실:
마이크는 뉴욕시에서 가장 주차하기 좋은 곳과 공중화장실 위치를 정확히 알고 있다.

판매실적 차트와 판매점 정보를 담은 자료

제품 정보 및 매장 제품 전시 사진이 담긴 책자

판매점 스티커 및 홍보물을 교체하기 위한 도구

전시대.
매장책임자가 제품 전시를 허락하면 마이크는 즉시 전시대를 설치한다.

주차위반 딱지.
영업용 자동차번호판을 달고 있어도 뉴욕시에서 주차위반 딱지를 완벽하게 피할 수 있는 길은 없다. 평균 1500달러에 달하는 마이크의 연간 주차위반 과태료는 회사에서 납부해준다.

고장 난 음료냉장고 수리 도구

구매업체를 위한 판촉물.
경쟁이 치열한 뉴욕에서는 매장 공간에 프리미엄을 붙으며 추가 주문을 확보하는 게 쉽지 않다.

마이크는 새로운 납품처를 확보하기 위해 매일 아침 6시에 현장으로 나간다. 오전 11시 30분부터는 점심시간에 일손이 부족한 매장 점주들을 위해 음료 제품들을 매대에 전시하는 일을 돕는다. 이런 일을 통해 마이크는 점주들만이 아니라 매대 정리를 맡은 점원들과도 관계를 돈독히 하고 있다.

재밌는 사실:
베카는 뜨개질감과, 함
께 사는 고양이 사진을
항상 갖고 다닌다.

펜과 테이프.
샘플로 제공되는 음료가
정상판매 제품과 섞이지 않도록
바코드를 지우거나 가릴 때 쓴다.

카메라. 베카는 어니스트 티
티셔츠를 입고 있는 매장 종업원이나
음료를 마시고 있는 가족을 만나면
사진을 찍곤 한다.
물론 허락을 받고서.

가위.
어니스트 키즈 시음행사 때
사용하며
비행기 내에 휴대가
가능하다.

좋아하는 어니스트 티:
저스트그린티

매대 진열을 돕거나
창고 출입을 할 때가
있기 때문에
하이힐이나 짧은 치마는
착용하지 않는다.

깨진 음료수병을
치우는 걸레

할인쿠폰. 어니스트 티를
마시고 있는 고객이나
쇼핑 바구니 가득 구매한
고객들에게 나눠준다.

$/OFF $/OFF $1 OFF
$1 OFF
$1 OFF
$1 OFF

발디딤틀. 키가 작은 베카가
높은 판매대 위에 있는 음료에
안전하게 손을 뻗을 때 쓴다.

비타민C와 감기약.
두뇌활동 보조용 뉴로-옵티마이저.
라벤더 오일과 페퍼민트 오일을
챙겨 다닌다.

유기농 식품만 먹는 베카는 아주 이상적인 자연식품 전도사라
할 수 있다. 베카는 거의 매주 출장을 다니며 소매업체, 중간거
래업자, 유통업체 관계자들을 만난다. 거기다 식음료박람회와
자연식품 매장의 세일즈 업무도 담당하고 있다.

우리는 중국, 인도, 남아프리카 등지에서 거둔 유기농 재배와 공정무역 거래의 성취에 마음이 벅차다. 그러나 이런 원칙이 해외에서만 적용될 수 있다고는 생각하지 않았다. 우리 회사 내부와 주변 자연환경에 투자했던 몇 가지 사례를 소개한다.

어니스트 티는 일반적인 의료, 치과, 건강보험을 제공하는 수준을 넘어 직원들의 웰빙에 도움을 주려고 했다.

외근이 많은 업무 특성상 직원들이 건강한 음식을 챙겨먹기 힘들었다. 그래서 우리와 생각이 같은 건강스낵류 생산업체들과 제품을 서로 교환해서 먹을 수 있게 했다.

사내에는 건강 전문가를 두어 직원들이 건강 목표를 설정하고 달성하는 데 도움을 받도록 했다.

또 내부 발탁을 통한 공격적인 승진이 가능하게 만들었다.

직원의 10% 이상이 인턴으로 시작했는데, 현장 마케팅본부장, 서부지역판매본부장, 전국식품매장본부장 등도 마찬가지다.

우리는 회사 내부에 주인의식을 조성하려 했다. 채용된 지 12개월이 지난 모든 직원에게 스톡옵션을 부여했다.

신제품을 출시할 때면 직원에게 제품 바코드 숫자의 마지막 다섯 자리를 선택하도록 해서, 생일이나 기념일을 바코드에 넣었다.

환경에 미치는 영향을 줄이기 위해 모든 직원에게 자전거를 지급하고, 사무실에 샤워장을 설치하여 자전거로 쉽게 출퇴근할 수 있도록 했다.

주차요금 지원제도가 있지만, 대중교통이나 자전거를 이용하거나 걸어서 출퇴근하는 종업원들에게도 수당을 지급한다. 자가용 출퇴근자를 편애하지 않는 것이다.

2007년 우리는 본사가 있는 베데스다 지역에 환경친화적 문화를 진작시키기 위해 '베데스다 그린'이라는 지역운동을 출범시켰다.

보행자로 붐비는 장소에 재활용 수거시설을 설치하고, 지역 음식점에서 나오는 폐식용유를 바이오디젤로 바꾸는 사업을 지원하여 매달 천 리터가 넘는 연료를 생산하고 있다.

존스소다의 주가총액이 8억 달러를 돌파했대요.

어떻게 된 거죠? 매출이 폭발적으로 늘었나?

2007년 4월

그렇진 않아요. 지금 3900만 달러니까 우리 매출액의 딱 2배네요.

그러니까 매출액 대비 20배로 주식시장에서 대접받고 있다는 거야?! 미쳤군 미쳤어.

투자 전문가 짐 크래머가 자기 프로 그램에서 엄청 띄워 주고 있어요.

존스소다는 핸슨스 내추럴 만큼 대박을 터뜨릴 수 있습니다!

몬스터에너지 덕에 핸슨스의 회사 가치는 50억 달러를 넘었어요.

우린 상장할 준비가 전혀 안 돼 있는 것 같아요. 그렇지만 저런 걸 보니 의문이 생기네요. 우리가 뭔가 놓치고 있는 걸까요?

그건 아니야. 존스는 돈을 벌고 있지만, 우리는 그렇지 못하단 것뿐이지. 닷컴 거품이 꺼지고 난 후로는 수익성을 제대로 보여주기 전까진 상장하는 게 어려워졌어.

게다가 상장에 따르는 비용과 골칫거리는 우리처럼 작은 회사가 감당하기엔 너무 버거워.

＊음료제조업체로 몬스터에너지라는 에너지음료가 폭발적인 인기를 끌었다. —옮긴이

존스의 주가가 지난 3개월 동안 3배로 뛰었네요.

매출액이 크게 늘어난 것도 아닌데.

JSDA (Daily) 31.54

이 모든 게 풍문과 투기로 키워지는 거야.

언론 효과도 있겠죠. 그동안 세간의 이목을 끄는 거래를 여러 차례 터뜨렸으니까.

얼마 전에는 코카콜라를 밀어내고 시애틀 시호크스 미식축구팀과 경기장 내 탄산음료 독점 판매 계약을 맺었어요.

엄청난 비용을 치렀겠네요.

게다가 NBA 뉴저지 네츠 하고도 7년짜리 계약을 맺었는데, 연간 170만 달러를 지불하기로 했대요.

우리 회사 전체 마케팅 예산이 100만 달러가 안 되는데!

장기적 가치를 키우기 위해서 제품을 파는 게 아니라, 다음 분기 실적보고서를 대비해서 주가 띄우는 데에만 정신이 팔려 있는 거 같네요.

그래도 주가 관리는 정말 잘하고 있어요. 8억 달러면 엄청난 액수잖아요.

그렇다고 유통업체가 절로 생겨나는 건 아니잖아요.

뉴저지 네츠하고 맺은 공급 계약을 좀 살펴보자고. 홈경기가 42번 열리는데, 경기당 평균 관중이 1만 7000명 정도야.

그중 1/3이 존스소다를 산다고 하면 판매량은 약 23만 8000개야.

마케팅 측면의 이득도 있죠. 브랜드가 사람들에게 노출되니까.

하지만 존스가 연간 지불하는 금액이 170만 달러야. 병당 7달러 이상을 치르는 셈이라고!

우린 그런 계약은 하지 말아야겠네요.

63 격변하는 음료시장

한 달이 지난 2007년 5월

코카콜라가 비타민워터를 41억 달러에 인수했대요.

굉장하군. 매출액이 어땠어?

비버리지월드 잡지에 따르면 작년에 약 3억 5500만 달러래요.

매출액의 12배네. 우리한텐 좋은 소식이지?

전적으로 그런 건 아니에요. 우리와 거래하는 독립 유통업체 중 상당수가 주요 브랜드를 잃고 있어요. 작년만 해도 이즈, 퓨즈, 그리고 이제 비타민워터까지 인수돼버렸어요. 몇몇 유통업체는 존폐 위기에 처한 거 같아요.

그렇다면 자연스럽게 우리가 유통업체들한테 중요한 브랜드가 된 거네. 앞으로 우리한테 더 신경 쓸 수밖에 없겠는데.

우리 유통망에는 여전히 빈 곳이 많았다. 매출은 70% 성장하고 있었지만, 새로운 유통업체와 계약을 맺는 게 점점 더 어려워졌다.

문제가 생겼어요. 북동지역 코카콜라 유통업체와 계약을 막 맺을 참이었는데, 갑자기 무산됐어요.

무슨 이유로요?

비타민워터 인수 때문에 코카콜라 유통업체들은 다른 신규 브랜드와 계약을 맺을 수 없대요. 코카콜라에서 비타민워터 유통에만 전념하기를 바라는 거죠.

한 가지 문제가 더 있어요. 스내플 유통업체들이 전화를 받지 않아요.

왜 그런지 알 거 같네요. 스내플이 최근에 자기네 유통업체들에게 공문을 보내서 우리 제품을 취급하면 계약을 끝내겠다고 협박했거든요.

유통업체 한 곳에서 공문 사본을 보내줬어요. 스내플은 어니스트 티가 '모방' 제품이기 때문에 우리 제품을 유통하는 건 계약 위반이라고 주장하고 있어요.

그 유통업체는 어떻게 대응했나요?

Cadbury Schweppes

AMERICAS BEVERAGES

2007년 5월 21일

등기우편
수취인 증명 요

▮▮▮▮▮▮▮▮▮▮

제목: 어니스트 티에 관한 건

▮▮▮▮▮▮▮▮▮

어니스트 티는 스내플의 모방 제품으로 보이므로,
귀사에서 어니스트 티를 판매하거나 유통하는 행위는
스내플과의 유통 계약을 위반하는 것임을 알려드립니다.

모방 제품의 판매 행위는 본사의 권리와 배상청구권 행사로
이어질 것입니다. 여기에는 스내플 제품에 대한 귀사의 유통권을
종결하는 것까지 포함됩니다.

▮▮▮▮▮▮▮

아주 전형적인 방식으로 했죠.

저는 지난 16년 넘게 충실하고, 협조적이며, 가장 실적이 뛰어난 스내플 유통업자였습니다. 그런데 제가 취급하는 브랜드인 어니스트 티가 우리 지역에서 스내플 브랜드의 위협 요인이 되고 있다는 무리한 주장에 경악을 금할 수 없군요. 게다가 어니스트 티가 스내플의 '모방' 제품이라고 주장했는데, 그 근거가 무엇인가요? …

기존 유통업체가 우리를 위해 싸워주는 건 좋네요. 그런데 그렇게 배포 있게 나설 신규 유통업체는 없을 거 같아요.

탁 탁

그 공문을 취소하지 않으면 공정거래위원회에 고발하겠다고 스내플에 으름장을 놨대요.

코카콜라와 네슬레는 2007년 네슬레의 차음료 브랜드인 네스티의 판매를 위한 합작투자 약정을 개정했다. 이로써 15년 만에 양사는 독립적으로 차음료 사업을 할 수 있게 됐다.

네슬레 북미지역 음료 부문 사장인 킴 제프리는 우리에게 차음료 사업을 같이하지 않겠냐고 제안했다. 어니스트 티가 인벤티지스로부터 500만 달러를 유치하는 데에 그가 큰 역할을 했기 때문에 우리는 이미 그를 잘 알고 있었다.

네슬레가 적절한 파트너인지부터 따져봤다.

우선 플러스 요인을 따져보자구.

킴과 그의 팀이 맘에 들어요. 단순히 똑똑하고 재능만 있는 게 아니라 신뢰할 수 있는 좋은 사람들이에요.

좋네.

킴은 페리에를 미국에 들여온 사람이에요. 뼛속까지 기업가 정신이 살아 있죠.

나도 동의.

우리 회사든 아니면 다른 회사든 네슬레는 차음료회사를 인수할 거야. 우리로서는 세계 최대의 식음료회사와 같이하느냐 아니면 경쟁하느냐가 되는 거지.

같이하는 게 좋겠죠?

네슬레의 연 매출이 40억 달러쯤 되니까, 유통업계하고 아주 잘 연결돼 있을 거야.

매출액 중 상당 부분이 창고형 할인매장 유통에서 발생하고 있어요. 그래서 판매와 유통관리를 제대로 챙기는 인력은 없을 거예요.

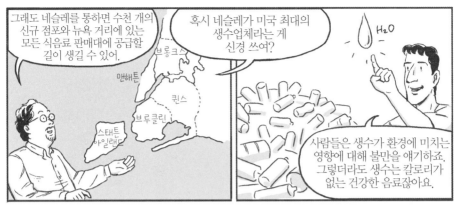

그래도 네슬레를 통하면 수천 개의 신규 점포와 뉴욕 거리에 있는 모든 식음료 판매대에 공급할 길이 생길 수 있어.

브롱크스
맨해튼
퀸스
브루클린
스태튼 아일랜드

혹시 네슬레가 미국 최대의 생수업체라는 게 신경 쓰여?

H_2O

사람들은 생수가 환경에 미치는 영향에 대해 불만을 얘기하죠. 그렇더라도 생수는 칼로리가 없는 건강한 음료잖아요.

그리고 네슬레는 생수병의 중량을 아주 혁신적으로 줄여왔어요. 450밀리 생수 빈 병 무게가 11그램에 불과해요.

450밀리

11그램

우리 병 무게의 70%밖에 안 돼요.

우리는 왜 그렇게 못하는 거야?

무슨 생각하시는지 알아요. 우리 병은 88도까지 열을 견뎌야 하기 때문에 그렇게 못 해요.

차

88도

그리고 킴은 재활용을 늘리자는 데도 앞장서왔어요.

n p r

재활용 가능한 플라스틱 용기는 모두 보증금을 돌려줘야 합니다.

5센트
5센트
5센트

그렇다면 마이너스 요인은?

우리가 자연식품 분야에선 최고 브랜드일 수도 있지만, 대부분의 사람들은 잘 몰라요. 우린 지금보다 더 성장해야 해요.

아직은 매각할 준비가 안 된 것 같아요.

그게 바로 문제네.

좋아. 그렇다면 거절할 수 없을 정도로 조건이 좋은 경우에만 받아들이자구.

협상은 교수님이 맡아주세요.

사실 당장 어니스트 티를 인수하고 싶지만, 구체적 조건을 제시할 권한이 내겐 없어요. 회사가 너무 작은 것도 사실이고.

어니스트 티 내년 매출이 5000만 달러에 도달하도록 우리가 도운 다음, 1억 5000만 달러에 인수하는 옵션이 좋을 것 같아요. 이건 아주 현실적인 조건입니다.

지금 제안은 저와 세스, 그리고 투자자들에게 설득력이 없을 것 같네요.

우리 회사에 보여주신 관심과 확신에는 감사합니다만, 불확실성이 너무 큰 데다 인수가액도 너무 낮아요.

그럼 어느 정도면 되겠습니까?

그러니까, 저기…

그해 여름, 우리는 코카콜라도 차음료 브랜드를 갖추려 한다는 기사를 봤다.

2007년 7월 5일: 애틀랜타(AP통신)——코카콜라가 스내플의 차음료 브랜드를 인수하거나 자체 브랜드를 만드는 방안을 고려하고 있다고 코카콜라 대변인이 수요일 밝혔다. 대나 볼던 대변인은 "우리는 항상 인수할지 아니면 만들지를 검토하고 있다."고 말했다. …

얼마 되지 않아, 우리는 코카콜라의 신규사업그룹인 벱VEB으로부터 전화를 받았다. 벱은 '도전하고 떠오르는 브랜드Venturing and Emerging Brands'란 말을 줄인 것이었다. 그들은 코카콜라의 투자 의향에 관해 얘기를 나눌 생각이 있는지 물었다. 네슬레와 협상하면서 우리에게 적당한 매각조건이 무엇인지 감을 좀 얻었기 때문에, 벱의 마이크 옴스테드와 데릭 밴 렌스버그를 만나기로 했다.

여기가 주방이에요. 연구개발 설비 역할도 하죠.

차를 우리는 덴 최첨단 장비가 많이 필요하지 않아요.

모든 제조법을 여기서 만드나요?

사무실을 둘러본 다음, 우리는 함께 볼티모어에서 열리는 자연식품박람회에 갔다.

뱁은 코카콜라에 큰 수익을 안겨줄 브랜드를 발굴하고 키우기 위해 만들어졌습니다.

3000개 넘는 음료를 조사한 뒤에 가장 유망한 제품 10개로 압축했죠. 그래서 어니스트 티를 찾아오게 된 겁니다.

우리가 찾는 회사는 독특한 제품, 믿을 만한 브랜드, 탄탄한 경영진, 증명된 성공 실적, 뛰어난 맛을 보유한 곳이에요.

어니스트 티를 집에 가져갔었는데, 아이들이 집에 오면 냉장고에서 처음으로 꺼내드는 게 어니스트 티더군요.

어니스트 티는 3가지 메가트렌드가 합류하는 지점에 있습니다. 단순한 차 브랜드 이상이죠. 경영의 새로운 기준을 세우고, 바로 거기에 투자하는 게 우리가 하려는 겁니다.

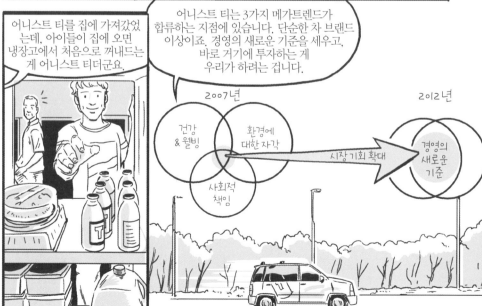

2007년

건강 & 웰빙

환경에 대한 자각

사회적 책임

시장기회 확대

2012년

경영의 새로운 기준

그건 그렇고, 경쟁업체인 다농과 네슬레가 투자자에 펩시 유통업자가 이사회 멤버라니, 마치 곰 여러 마리가 꿀단지에 손을 넣고 있는 것 같군요.

복수의 전략적 투자자를 유치한 목적은 선택지를 열어놓자는 의미예요. 특정 투자자가 신주인수권을 갖지 않게 하는 데도 신경을 썼죠.

잘하셨네요. 저기 세스, 레드삭스 팬이라고 들었는데, 가족들과 함께 펜웨이파크에 가서 플레이오프 게임 보는 거 어때요?

우리 애들이라면 지금 바로 계약서에 사인하겠군.

이런 협상을 통해서 바라는 게 뭔가요? 은퇴하려는 거예요? 아니면 다른 걸 해보고 싶은 건가요?

제 일을 사랑하고 앞으로도 하고 싶어요. 전 일을 계속 벌이는 사람은 아니에요. 어니스트 티를 키우는 일에 계속 전념하고 싶습니다.

회사를 매각한 뒤에 창업자들은 대부분 회사를 떠납니다. 꽤 많은 지분을 갖고 있던 사장에서 일개 종업원이 되는 건 쉬운 일이 아니죠.

그리고 신속한 경영에 익숙한 창업자들에게 대기업의 관료주의는 심한 좌절감을 줄 수 있어요.

긍정적인 면

1. 시점이 좋다.

   - 우리 투자자들은 지난 10년 동안 인내해왔다.
   - 우리는 미국 전역에서 자연식품 분야에서 가장 많이 팔리고 가장 빨리 성장하는 브랜드이다.
   - 매출 증가 추세가 좋다. 올해 70% 성장해서 2300만 달러에 달한다.
   - 평가액 산정이 아주 후하게 이루어지고 있다.
     —매출이 4000만 달러인 존스소다의 주가총액은 4억 달러이며 최고일 때는 8억 달러였다. 최근 비타민워터의 매각액은 41억 달러였다.

2. 우리 브랜드를 격상시킬 최상의 기회다.

   - 코카콜라의 유통 시스템은 세계에서 가장 강력하다.
   - 우리는 지금 새로운 유통업체를 확보하는 데 난관에 부딪혔다.

3. 공동창업자의 대출보증액이 500만 달러에 이른다. 계약을 성사시키지 않으면 지금 갖고 있는 것을 다 잃을 수 있으며 상황이 안 좋아지면 더욱 큰 손실을 차를 수 있다. 어이쿠!

4. 계약을 성사시키지 않으면, 코카콜라와 네슬레의 지원을 받는 강력한 경쟁사 두 곳이 생긴다. 어이쿠 어이쿠!

5. 배리는 이제 50세가 된다. 나중이 아니라 지금 빠져나가는 게 개인적으로는 좋다.

부정적인 면

1. 우리는 여전히 일을 즐기고 있다.

2. 그간 애쓴 덕에 드디어 제대로 된 성장을 경험하고 있다.

3. 매출 1억 달러가 목표이나, 현재 2300만 달러에 그치고 있다. 아직 우리 회사를 세상에 내보낼 만큼 규모를 크게 키우지 못한 것이다. 코카콜라는 1억 달러짜리 회사를 10억 달러 규모로 키울 수 있지만, 2000만 달러짜리 회사를 0달러짜리로 만들어버릴 수도 있다.

   —(뉴욕타임스, 2001년 1월 13일)
   코카콜라는 플래닛자바커피가 소유한 업체를 인수했다.

   —(브랜드위크, 2001년 5월 14일)
   몇 주 동안 루머가 나돈 끝에 코카콜라는 고급 차, 주스, 청량음료 업체인 매드리버트레이더스를 추정가액 700만 달러에 인수한다고 발표했다.

   —(비즈니스위크, 2004년 5월 16일)
   시장 상황이 나빠지면서 코카콜라 경영진은 지난해 플래닛자바와 매드리버를 모두 철수시켰다.

4. 우리의 충성스런 고객들은 코카콜라를 신뢰하지 않기 때문에 매각을 결정하면 우리 제품을 보이콧할 수도 있다.

뉴욕의 변호사 사무실

돈 얘긴 잠시 접어두죠. 이번 인수 협상을 통해 얻고자 하는 게 뭔가요? 어니스트 티의 미래가 어떻길 바라나요?

저는 어니스트 티의 미션을 여전히 소중히 여기고 있습니다. 코카콜라의 유통력을 활용할 수 있다면 어니스트 티를 변화의 모델에서 실제 변화를 현실화하는 기업으로 변모시킬 수 있다고 생각합니다.

혹시 핵심 소비자들이 부정적으로 반응할 수 있다고 우려되나요?

코카콜라에서 설립한 유한회사의 투자를 받는 식이면 어떨까요?

저희는 늘 소비자에게 투명하게 밝혀왔어요. 코카콜라와의 관계를 숨기는 건 정직하지 못한 것 같네요.

코카콜라를 통해 규모를 키우는 것이 우리의 미션을 이루는 데 도움이 된다고 소비자를 설득하는 건 저희 몫이라고 생각합니다. 그 과정을 정직하게 진행하는 것도 저희가 해야 될 일이구요.

품질을 타협하지만 않는다면, 우리 제품을 수억 병이 아니라 수십억 병도 팔 수 있다고 생각해요. 그렇게 되면 사회적으로 더 의미 있는 일을 하게 되는 거죠.

교수님이 원하는 건요?

전 어니스트 티가 21세기의 위대한 차세대 브랜드가 되길 바랍니다. 미국인의 식습관을 개선하는 데 도움이 되고 싶어요.

그리고 고객을 잘 이해하지 못해도 성공할 수 있다고 한 H. L. 멩켄이 틀렸다는 걸 증명하고 싶군요.

좋아요. 우리 모두 같은 목표를 추구하고 있군요.

그럼 어떻게 해야 우리 모두가 원하는 걸 얻을 구조를 만들 수 있을까요?

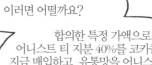

이러면 어떨까요?

합의한 특정 가액으로 어니스트 티 지분 40%를 코카콜라에서 지금 매입하고, 유통망을 어니스트 티에도 개방하는 겁니다. 그리고 미래의 특정 시점에 합의된 산정 공식에 따라 어니스트 티의 나머지 지분을 인수할 옵션을 보유하는 거죠.

코카콜라가 유통업체를 직접 소유하고 있지 않다는 건 알고 계시죠? 어니스트 티를 취급하라고 저희가 요구할 순 없습니다.

그 업체들이 취급하겠다면 승인해줄 수는 있잖아요.

그건 할 수 있지요.

인수 조건은 어떻게 할까요?

우선 첫 3년 동안은 완전히 자율적으로 경영하길 희망합니다.

그 기간에 저희 힘으로 매출을 1억 달러까지 끌어올릴 수 있다고 생각해요.

저희 예측치는 7000만 달러입니다만, 계속 말씀하시죠.

그럼 현 주식시장 기준 매출액 대비 배수를 적용해서 평가액을 산정하면 되겠군요.

어니스트 티를 도와서 매출은 늘려주고, 인수가액은 인수가액 대로 높게 나가는 상황은 피하고 싶습니다.

이해해요. 그러니까 1억 달러를 초과하는 매출액에는 평가액 산정 시 적용할 매출액 대비 배수를 낮추는 겁니다. 그 초과 매출에 코카콜라가 기여했을 테니까요.

목표 매출액이나 평가 산정 배수에 의견이 일치한 것 같진 않지만, 구조는 마음에 듭니다. 저희가 진행했던 몇몇 인수 건의 자세한 재무정보를 드릴 테니, 한번 보시고 다시 만나죠.

며칠 뒤

펩시의 M&A팀에서 음성메시지를 남겼는데, 우리가 매각을 진행 중이란 소문을 들은 것 같아. 한번 만나고 싶대.

코카콜라는 지분 경쟁매매에 참여할 의사가 없다는 걸 분명히 했어요. 게다가 우리가 무슨 투자은행업 하는 사람들도 아니고, 그 둘을 경쟁시킬 수 있는 처지가 아니에요.

그렇지만 우린 지금 이를테면 결혼을 하려는 거야. 최상의 짝이 코카콜라일지 펩시일지는 고민을 해봐야지.

코카콜라에 더 쏠리네요. 펩시는 차 브랜드 립톤과 손잡고 있고, 자연음료 제품에 소베와 이즈도 있구요.

반면에 코카콜라는 우릴 인수하면 건강음료 브랜드이자 차 브랜드, 지속가능성을 높이 평가받는 브랜드를 갖게 되는 거예요. 신생 브랜드를 키우는 특별부서인 뱁을 만들었다는 것도 맘에 들고요.

협상하면서 마이크와 데릭도 잘 알게 됐잖아요. 같이 일할 수 있는 사람들인 거 같아요.

또 코카콜라는 이미 뉴코크를 내놨다가 쓴맛을 본 적이 있잖아요. 망가지지 않은 걸 굳이 고치지 말라는 교훈을 비싸게 배웠죠. 그래서 우리 방식을 바꾸고 싶다는 유혹을 좀 덜 느끼지 않을까 싶어요.

그럴싸한데. 이것저것 다 찔러보면서 시간 허비하지 말자구.

가격이 좋네요. 네슬레가 거부한 것보다 크고. 그렇지만 어니스트 티 최대 투자자인 우리에겐 코카콜라가 3년 후 매입 의무가 없다는 게 그리 좋아 보이진 않네요.

구나 웨이커트, 투자사 인벤티지스

…

가족과의 협의

우리 생활은 어떻게 바뀌는 거야?

별다른 변화는 없을 거야. 여전히 내가 좋아하는 것을 계속하게 되겠지.

사실, 자금 마련하는 데 시간을 너무 많이 썼거든. 유통업체도 거의 구걸하다시피 확보해 왔고, 생산공정 때문에 씨름하는 것도 쉬운 일이 아니었어. 그래서 이번 일이 잘되면 브랜드를 키우고 사회적 미션을 확대하는 데 전념할 수 있을 거야.

그렇지만 당신이 이뤄놓은 걸 코카콜라에서 다 망치면 어떡해?

그래서 내가 회사에 남으려는 거야. 어니스트 티는 이제 고작 열 살에 불과해. 우리 아이작과 같아. 그 나이면 얼마나 외부의 영향을 쉽게 받는지 잘 알잖아.

브랜드가 더 성장할 때까지 내가 부모 역할을 해야 돼.

우리 애틀랜타로 이사 가야 돼?

아니, 여기 계속 있을 거야.

어때? 괜찮은 생각 같아?

응. 함께하는 시간이 더 늘면 좋겠어. 애들도 그럴 테고.

가르치고 책 쓰고 컨설팅하고, 여러 기업 이사에다 어니스트 티까지, 당신 정말 미친 듯 살았어.

곧 레이첼과 조가 대학을 가게 돼. 우리가 같이 보낼 수 있는 시간이 얼마 남지 않았어.

이사회와의 협의

예측해보니 지금 협상가액이면 초기 투자자들은 투자금 대비 30배의 수익을 거두고, 약간의 현금성 수익도 생길 것 같아요.

가장 우려되는 것은 코카콜라가 3년 후 전체 지분을 매입할 옵션을 갖고 있는데, 우리로선 옵션 행사를 강제할 수 없다는 점이에요.

그쪽에서 옵션을 행사할 거라고 말하긴 해요.

상황은 변하기 마련이야.

지금은 그쪽에서 목매고 있지만, 만약 3년 뒤에 옵션을 행사하지 않으면 어니스트 티는 오도 가도 못하는 상황에 처할 수 있어. 유통망도 코카콜라에 묶이고. 고아 처지가 되는 거야.

데릭, 이사회 미팅을 했는데, 우리 쪽에 매각옵션이 없다는 게 문제가 되고 있어요. 이 거래를 지지해줄 것 같지 않아요.

다음 날

네슬레하고 얘기했는데요, 코카콜라의 조건을 그대로 맞춰주고 매각옵션까지 포함해주겠대요. 경영진으로서 주주들에 대한 책임을 생각해서라도 네슬레 제안을 받아들여요. 이게 더 나아요.

저한텐 그런 결정을 내릴 권한이 없어요. 이사회에 보고해야 할 것 같군요. 그렇지만 우리가 옵션을 행사할 거라고 믿어도 돼요.

저는 어니스트 티를 무척 좋아합니다. 우리 벱의 첫 번째 인수 대상인데, 협상을 계속하기엔 시간이 많이 흘렀네요. 거래를 마무리 짓든지 아니면 다른 길을 찾아야죠. 만약 우리 이사회가 매각옵션을 승인하면 거래 완료인가요?

샌디 더글라스, 코카콜라 북미지역 사장

그럼요.

완료죠.

그럼 축하해야겠군요.

뉴헤이븐

태워줘서 감사합니다.

공항 오는 길에 뉴헤이븐의 명물인 샐리스의 조개피자를 사왔어요. 여기까지 들렀다 가는 보람이 있을 거예요.

PIZZA

259

어니스트 티와 같이하게 돼 무척 기쁩니다. 정말 굉장한 브랜드를 키워냈군요. 이제 시작이니 잘해봅시다.

데릭이 우리한테 이 계약을 통해 어떤 성과를 거두고 싶은지 물었었는데, 저도 같은 질문을 드리고 싶습니다.

무타 켄트, 코카콜라 CEO

우리는 혁신적 사고와 창조성을 더 진작 시키고 싶습니다. 사실 이제 우리 회사는 규모가 너무 커져서 그런 정신을 확산시키는 게 어려워요.

어니스트 티는 조직 전반에 지속가능성을 뿌리내리겠다는 강력한 의지를 갖고 출범한 회사니까, 그러한 마인드를 우리 조직과 공유해주길 바랍니다.

다시 말하지만 어니스트 티를 코카콜라처럼 만들자는 게 아닙니다. 오히려 코카콜라를 좀 더 어니스트 티처럼 운영해보자는 거죠.

멋진데요.

나한테 아이디어가 엄청 많은데.

우리 회사 라벨 문구 중에 이런 말이 있어요. "우리는 음료 진열대에서 시작해 세상을 바꾸려 합니다." 이제 같이 그걸 실현해볼 수 있겠네요.

우리는 목이 말랐다. 또 매우 운이 좋기도 했다.

동화 같은 결말이 헌신과 제대로 된 전략의 결과라고만 여긴다면 실수하는 것이다. 홀푸즈 구매담당자는 자고 일어났더니 목이 뻐릿했을 수도 있고, 세스 아들 엘리의 수술이 잘못됐을 수도 있다. 그 괴상하게 생긴 곰팡이 덩어리는 우리 제품에서 나왔을 수도 있다. 세스가 겪은 자동차 사고는 어떤가. 훨씬 치명적이었을 수도 있다. 오프라 윈프리도 내가 참가했던 곳이 아닌 다른 요가 휴양 행사에 갔을 수도 있다. 오바마 대통령도 커피를 즐기는 사람이었을 수도 있다. 이밖에도 운이 작용한 사례는 많다.

물론 운이 많이 작용했지만, 우리가 겪은 여러 불운 또한 업계의 비슷한 회사 여럿을 침몰시키기에 충분했다. 따라서 중요한 문제는 이것이다. 우리는 어떻게 여러 실수와 불운을 이겨내고, 행운이 다가왔을 때 놓치지 않을 만큼 생존할 수 있었는가? 이에 대한 답을 내놓기 전에, 어째서 생존 자체가 중요한 문제인지 설명하겠다.

기업의 세계에는 봐주는 게 없다. 수학 시험이라면 10문제 중 9문제에 답을 제대로 내면 A를 받을 수 있다. 그렇지만 신생기업이 저지르는 실수 한 가지는 회사 전체를 무너뜨릴 수 있다. 빨리 성장하다 보면 자금이 고갈되기도 한다. 글로벌 금융위기 때문에 신용대출이 동결될 수도 있다. 바람직하지 않은 계약 조건에 발목이 잡혀 있어서 투자자나 인수 희망자의 기피 대상이 되기도 한다. 회사와 잘 맞지 않는 직

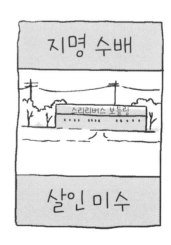

원을 채용한 탓에 기업 문화와 운영관리, 중요한 고객 관계가 망가질 수도 있다. 심지어는 직원 하나로 모든 것이 붕괴될 수도 있다.

우리 회사를 거의 붕괴시킬 뻔했던 실수는 바로 보틀링 공장을 매입한 일이다. 2005년 매각할 때까지, 스리리버스 공장 때문에 우리는 100만 달러 이상의 손실을 보았고 수백 시간의 잠을 뺏겼다. 무슨 말이냐 하면, 우선 세스는 회사 시작할 때부터 잠을 제대로 못 자는 상태였고, 100만 달러 이상의 손실 때문에 더 많은 자금 유치가 필요했으며, 우리 지분 가치가 떨어지는 고통도 맛봐야 했다. 그렇지만 가장 두려웠던 것은 고객들에게 위험을 끼치는 것이었다. 우리 음료병에 들어간 유리 파편은 누군가를 크게 다치게 할 수도 있었다. 제대로 된 제품, 브랜드, 타이밍, 그 모든 것을 바로 보틀링 공장 때문에 잃을 뻔했다.

10개 중 9개를 맞출 리는 거의 없는 상황에서, 스스로 초래한 잘못이든 불운의 결과이든 불가피하게 잘못될 수밖에 없는 일들을 어떻게 극복할 것인가?

생존 가이드

첫 답변은 바로 출발지점으로 돌아가면 찾을 수 있다. 당신이 내놓는 제품이나 서비스가 기존에 비해 현격히 다르고 좋아야 한다.

회사가 지금 하고 있는 일을 진정으로 이해한다면 사람들은 훨씬 더 너그러운 태도를 보일 것이다. 고객, 구매담당자, 투자자 모두에게 배려를 받으려면 이미 시장에 나와 있는 것보다 10% 정도 나은 것에 그쳐서는 안 된다. 이를테면 그저 액상과당을 사탕수수로 교체하는 것만으로는 충분하지 않다는 것이다. 칼로리를 70% 줄이거나 진짜 찻잎을 쓰는 정도가 되어야 사람들의 주의를 끌고 충성심을 이끌어낼 수 있는 현격한 변화라 할 수 있다.

초기 모델 리사Lisa를 썼을 정도로 애플의 열렬한 팬인 나는, 여러 난관과 낭비를 묵묵히 견뎌냈다. 왜냐하면 매킨토시는 제대로 돌아가는 날엔 정말 정신이 나갈 정도로 끝내줬기 때문이다. 또 MP3 플레이어인 피
니스 스윔프3 Finis Swimp3도 좋아하는데, 이 제품은
귀 근처의 뼈를 통해 소리를 전달해 물속에서도
음악을 들을 수 있기 때문이다. 초기 제품들은 문
제가 많고 투박했지만, 나는 여전히 그 제품들을
고집했고 신제품이 나올 때마다 구입했다. 왜냐
하면 충족하기 힘든 요구에 완전히 다른 해결책을
주었기 때문이다. 나한테 수영은 너무나도 지루하다. 그렇지만 스윔프3 덕분에
수영을 하면서도 팟캐스트를 들을 수 있다. 맞다, 나는 스윔프3가 수영할 때 쓰기
에 좀 더 편리해졌으면 좋겠다. 누군가가 스윔프3보다 수영할 때 더 사용하기 좋
은 제품을 만들어낸다면 피니스 사는 좀 곤란해질 것이다. 물론 그렇더라도 나는
피니스 쪽에 좀 더 우호적인 태도를 취하겠지만.

어니스트 티의 혁신적인 전략은 단맛이 훨씬 적은 음료를 원하는 소비자들의 요
구를 충족시키는 것이었다. 생수는 밋밋하고, 청량음료나 주스는 너무 달았다. 다
이어트 음료도 인공적인 단맛이 강했다. 거대 음료회사들은 나와 세스, 우리 가족
과 친구들, 그리고 독자 여러분 같은 사람들은 그저 틈새시장일 뿐이라고 생각했
다. 이제 그 틈새시장이 주류가 되고 있다. 우리가 시작할 당시, 너무 오랫동안 잊
혀 있던 틈새시장의 고객들은 우리가 기울이는 노력을 높이 평가해줬고, 필요할
때마다 여러 차례 기회를 다시 주었다.

현격하게 다르고 훨씬 좋은 것으로 충분하면 좋겠지만, 현실은 그렇지 않다.

생존을 위한 두 번째 열쇠는 자본을 갖추는 일이다. 물론 돈이 핵심적이지만, 나
는 여기서 경제학자들이 흔히 평판자본이라고 부르는 것을 강조하고 싶다. 평판
자본이라는 말은 됨됨이를 좀 있어 보이게 표현한 것이다.

평판에 투자하라. 평판이 구축되어 있으면 기회를 다시 얻을 수 있다. 문제는 신
뢰를 쌓는 데는 시간이 걸린다는 점이다. 초창기에는 창업자, 경영진, 투자자 들
의 평판을 지렛대 삼을 수도 있지만, 결국 기업 스스로 평판자본을 쌓아가야 한

다. 흔히 은행은 햇살이 비칠 때만 우산을 빌려준다고 말한다. 하지만 우리는 이 말을, 뭔가 필요한 일이 생길 때까지 기다려서는 안 된다는 뜻으로 해석한다. 평판을 활용하는 것도 이와 같다. 활용할 시점이 찾아오기 전에 쌓아올려야 한다.

'정직하다honest'는 우리 이름이 효력을 발휘한 게 바로 이 지점이다. 우리 브랜드명은 회의적인 고객들로 하여금 우리 제품에 도전하도록 이끌었다. 우리가 이름값을 했을까 아니면 그렇지 못했을까? 우리는 "믿으세요, 저희는 정직합니다."라고 말했다. 그간 말이 앞선 차음료에 여러 차례 속았던 고객들은 우리 제품 라벨을 보고 사실임을 입증하기를 바랐다. 고객들은 음료의 용량은 470밀리인데, 왜 235밀리를 기준으로 칼로리를 표기하는지 물었다. 사실 우리도 그렇게 생각했다. 그래서 음료업계에서 처음으로 병당 총 칼로리를 표기했다. 선택권이 있었다면 병당 칼로리만을 표기했을 것이다. 그렇지만 당시 정부 규정은 235밀리 기준 칼로리를 표기하게 돼 있었다.

우리에게 정직하다는 것은 진짜 찻잎을 쓰고 감미료로 꿀, 사탕수수설탕, 아가베를 쓴다는 뜻이었다. 또 유기농 재료를 쓴다는 뜻이었고, 후일 공정무역이 상업적으로 가능해졌을 때는 공정무역 제품을 쓴다는 뜻이었다. 정직하다는 것은, 설령 법적으론 허용된다고 해도 5칼로리를 0칼로리로 줄여서 표기하지 않는다는 뜻이기도 했다. 일을 망쳤을 때는 그간 쌓아온 신뢰가 충분했기 때문에 고객들에게 다시 기회를 얻을 수 있었다. 그럴 때마다 솔직한 사죄의 말과 함께 많은 할인쿠폰을 발송했다.

매장 구매담당자들에게는 평판 투자에 더욱 힘을 썼다. 병에서 유리조각을 발견했을 때는 자발적으로 제품을 철수시켰다. 시음행사에 일손이 필요할 때면 언제든 인력을 보냈다. 제품 개발 단계에서 구매담당자들을 초대해서 시음했고, 그들의 의견에 귀를 기울였다.

투자자들에게 신뢰를 얻었다는 것은 우리보다 그들의 재무적 수익을 우선했다는 말이다. 좋은 뉴스든 나쁜 뉴스든 우리는 투자자들과 공유했다. 분기별로 상세한 소식지를 보냈으며, 연례 주주총회를 열었다. 시간이 많이 들긴 했지만, 그 덕분에 우리 투자자들은 급작스럽게 일이 터져 놀라는 경우가 없었다.

현격하게 다르고, 훨씬 더 좋은 데다, 잘 구축한 평판자본이 있다고 해서 성공이 보장되는 건 아니다. 그렇지만 최소한 싸울 수 있는 기회는 갖게 된다. 그렇기 때문에 나는 학생들이 창업과 관련해 조언을 구하러 오면, 대개 단념하라고 설득하는 편이다.

교수로서 젊은 창업자에게 주는 조언

내 연구실 앞에 서 있는 젊은 창업자는 열정이 넘칠 것이다. 하지만 창업자의 아이디어가 현 상태를 개선하는 데 자그마한 공헌을 할 뿐이라면, 넘치는 열정만으로는 부족하다. 아이디어는 대단하지만, 기존 업체가 하는 게 최적인 경우도 있다. 이런 때는 창업을 해봐야 이미 자리를 잡고 있는 회사를 위해 테스트 마케팅이나 해주는 결과를 낳을 수 있다. 천재일우의 기회를 맞은 때라 하더라도 자금 유치는 거의 항상 문젯거리가 된다. 시작에 필요한 자금은 충분히 마련할 수 있겠지만, 예측하지 못한 폭풍을 뚫고 지나가기에는 부족할 것이다. 극히 제한된 자본력, 미흡한 평판, 그리고 부족한 경험까지 어우러지는 상황에서는 성공할 가능성, 심지어 생존할 가능성조차 너무나 낮다.*

* 물론 예외적인 경우도 있다. 젊은 창업자들에겐 이렇듯 불리한 점이 많지만, 동년배를 대상으로 한 웹 기반 사업들은 대학생이나 갓 졸업한 친구들이 시장의 요구를 이해하고 해결책을 제시할 수 있는 영역이기도 하다. 그리고 젊어서 유리한 점도 있다. 아직 책임감 있게 돌봐야 할 주변 사람이 없고, 소파에서 잘 수도 있다. 이렇듯 잃을 게 별로 없는 상황에서는 대출 보증서에 서명하는 게 그다지 겁나는 일은 아니다.

너무 부정적인 것 아니냐고? 젊은 창업자들에게 필요한 것은 용기를 북돋아주는 말이 아니란 걸 지적하고 싶다. 오히려 그들은 지나치게 확신에 차 있어서 문제가 될 만한 것들을 제대로 가늠조차 못하거나 똑바로 챙겨야 할 것들을 경시하는 경향이 있다. 내가 만약 창업에 나서려는 누군가를 단념시켰다면, 이런 점들을 헤쳐 나가는 데 필요한 확신과 열정이 없는 경우였을 것이다.(앗! 비법을 노출해버렸으니 앞으로는 이 방법도 별 효과가 없겠군.)

그렇다면 혁신적 기업가를 꿈꾸는 젊은 친구들은 무엇을 해야 할까? 한 가지 선택지는 다른 누군가가 벌여놓은 일에 참여해서 배우는 것이다. 다른 신생기업에 합류해서 잘하는 점과 못하는 점을 직접 체험하라. 다른 말로 하자면, 다른 누군가의 경험으로부터 배우는 것이다. 개인적인 평판을 쌓고 채용담당자들만이 아니라 투자자들과도 접촉면을 넓히는 게 필요하다.

먼저 주의해야 할 점이 있다. 직접 창업한 것이든 남이 창업한 것이든 신생기업에서 일을 시작한 뒤에는, 기존 기업으로 다시 돌아가는 것이 힘들 수 있다. 고용주들이 창업 경험을 가치 있게 여기지 않는다는 말이 아니다. 대부분 경험자산으로 봐주니까. 그렇지만 속도감 있게 전개되는 신생기업 환경에서 경험을 쌓고 나면 거대 회사의 관료주의에 대한 인내심이 부족해질 수 있다.

성급하게 방아쇠를 당길 필요는 없다. 오렌지주스와 탄산수를 섞어보자는 아이디어를 단맛이 적은 차음료로 바꾸어내는 데는 수년의 노동이 필요했다. 대부분 창업자들이 처음 가졌던 아이디어가 인생 최고의 아이디어가 되는 일은 극히 드물다. 나는 학생들이 티셔츠인쇄업체나 출장음식 회사를 창업해서 키우느라 눈부신 대학생활을 상당 부분 날려버리는 걸 많이 봤다. 우산자동판매기사업에 열중한 학생도 있었다. 물론

이런 것들이 도서관에서 하는 아르바이트의 좋은 대안이 될 수도 있다. 그렇지만 현재에 매몰되지 말고 멀리 보아야 한다. 학교를 그만두거나 수업을 빠질 정도로 가치 있는 것이 아니라 단지 한 가지 일거리로 생각해야 한다는 말이다.

페이팔의 창업자이자 페이스북의 초기 투자자였던 피터 티엘이 학생들에게 학교를 그만두고 창업해서 꿈을 실현하라고 꼬드기는 세상이다. 하지만 나는 낮 시간에 MBA 과정 학생들을 가르치는 일의 가치를 옹호하고 싶다. 교육과정은 점차 전문화되고 있다. 영문학 전공자들이라면 소설, 논픽션, 시, 희곡을 읽는 데서 출발한다. 그 뒤 점차 20세기 문학으로, 버지니아 울프의 작품 등으로 관심을 집중해갈 것이다. 대학원은 대부분 학생들을 특정 분야 전문가로 육성한다. 그렇지만 경영대학원은 정확히 그 반대다. 경영대학원에서는 학생들에게 회계, 경제, 재무, 마케팅, 협상, 운영관리, 조직행동, 전략 등 여러 분야의 수업을 듣게 한다. 편하게 느끼는 분야를 넘어선 내용을 다루는 수업을 듣게 하는 것이다.

신생기업을 이끌어가는 데 관건은 창업자가 팔방미인이자 여러 분야의 전문가여야 한다는 점이다. 특정 분야를 제대로 모른다면 십중팔구 실수를 저지르게 돼 있다. 앞서 여러 번 얘기했으니, 지금쯤이면 '실수는 치명적일 수 있다'는 말의 뜻을 잘 알 것이다. 물론 전문가를 고용할 수도 있지만, 그 분야를 제대로 모른다면 적합한 인재를 채용하고 관리하는 데 어려움을 겪게 된다. 우리한테 생소한 분야였던 운영관리에서 우리가 저지른 실수들이 이를 잘 말해준다.

혁신적 기업가를 꿈꾸는 젊은이들에게 강의실로 돌아갈 것을 권유한 것과 마찬가지로, 가르치는 일을 하는 사람들에게는 현실세계를 경험해보기를 권한다. 이렇듯 배움은 오고 가는 것이다. 내가 현실세계에서 경험한 여러 실험을 돌이켜 보면 강의실로 가져갈 만한 실용적인 교훈들이 많다.

내가 얻은 교훈

어니스트 티와 함께하면서, 나는 브랜드 하나의 의미와 힘을 높이 평가하게 됐다.

훌륭한 브랜드를 하나 만들어낸다는 것은 단순히 멋진 라벨 디자인 하나를 꾸며내는 게 아니다. 훌륭한 브랜드는 무엇인가 내세우는 것이 있어야 한다. 나는 수많은 미션 선언문을 봤지만 내용이 대부분 비슷해서, 특정한 브랜드나 회사 이름이 조직 내외적으로 강한 영향력을 발휘할 수 있다는 주장에 회의적이었다. 그렇지만 우리 브랜드는 우리가 한 모든 일과 사람들이 우리를 보는 시선까지 이끌어냈다. 이제 나는 브랜드의 힘을 믿는다.

돌이켜 보면 처음에는 우리가 어떤 브랜드를 만들고 싶어하는지도 제대로 몰랐다는 게 참 이상하다. 첫 5년 동안은 우리가 그저 차 제조회사라고 생각했다. 그래서 제품군에 티백을 추가한 것이다. 어니스트 에이드와 어니스트 키즈를 출시하고 나서야 우리 브랜드명에서 가장 중요한 단어가 '차'가 아니라 '정직'이란 것을 깨닫게 됐다. 우리 브랜드는 믿을 만하고, 건강에 좋으며, 유기농 제품임을 뜻한다.

자신이 누군지를 알면 성공 가능성을 확대할 수 있는 기회가 열린다. 책의 앞부분에서 나는 다른 업체가 모방할 것이라고 경고했다. 하지만 자기 스스로도 자신을 모방할 수 있다. 마치 〈제퍼디 퀴즈쇼〉에 출연한 상황과 비슷하다. 문제를 고르다보면 답을 찾을 수도 있게 되는 그런 상황이란 말이다. 우리가 내놓은 답은 사람들이 신뢰할 수 있는 단맛이 덜한 유기농 음료를 만들어내는 것이었다. 그렇다면이 답은 어디에 다시 들어맞을 수 있을까? 과일음료와 어린이음료 파우치 제품도 우리 브랜드를 확장할 수 있는 훌륭한 기회였음이 드러났다. 물론 창업 초기에는이런 생각을 하지 않았다. 그래서 지금 다시 질문을 던진다. 음료시장 외에 달지않고 정직한 대안 제품에 대한 수요가 있는 곳은 어디일까? 요구르트일 수도 있고, 아침식사용 시리얼일 수도 있다. 단맛을 줄인 게토레이는 어떨까? 탄산음료는? 처음 시작했을 때는 탄산음료와 오렌지주스를 기초로 브랜드를 키우기는 어려울 거라고 생각했다. 그러나 지금은 우리 브랜드가 자리를 잡았고, 세계적인 유통망을 갖고 있기 때문에 이런 아이디어가 실현될 수도 있을 것이다. 계속 기대해주시기 바란다.

조금 허술한 것 한 가지를 바로잡으려 한다. 우리는 책 도입부에서 이런 질문을 던진 바 있다. 이게 좋은 아이디어라면 어째서 다른 누군가가 이미 시도하지 않았을까? 우리는 그저 우리의 직관을 믿었지만, 이 질문에 대한 답은 제대로 알지 못했다. 그렇지만 업계에 대한 이해도가 높아진 지금은 이미 자리를 잡은 업체들이 왜 어니스트 티와 같은 브랜드를 만들지 못하는지 그 이유를 안다.

우선, 기존 업체들은 일종의 순환논리에 빠져 있다. 누군가가 하지 않았으니 당연히 틈새시장이라고 단정하는 것이다. 데이터가 없기 때문에 잠재적 시장 규모를 설득력 있게 제시하기 힘들다. 이런 이유로 모든 업체가 동일한 기존 고객 집단만 쫓아다니는 것이다. 우리라면 차라리 뚜렷하게 설정된 90% 고객 집단을 상대로 경쟁하는 100가지 제품 중 하나를 만들기보다는 나머지 10%의 시장을 손에 넣는 것을 택할 것이다.

둘째, 대기업들은 모기업을 보호하기 위해서 고안되었다. 어떤 대기업이 단맛이 적은 음료를 팔기 위해 새로운 사업부를 만들었다고 해보자. 신설 사업부는 시럽 범벅인 기존 음료업계에 도전장을 내밀 것이다. 그런데 그 도전이 자기 회사의 베스트셀러 제품까지 위협하는 상황이 전개된다면 신설 사업부의 마케팅 활동은 황급히 손발이 묶이게 된다. 전면적인 도전 기회가 사라진다면 신설 사업부의 브랜드는 기존 제품과 그리 다를 바가 없게 된다.

세 번째로 대기업들은 막 출범한 어니스트 티와 같은 신생업체는 통과할 수 없는 높은 기준을 설정하기 때문이다. 한 글로벌 브랜드는 신제품을 출시하기 전에 블라인드 테스트를 실시하여 경쟁업체들을 6 : 4 정도로 이겨야 한다는 내부 규정을 갖고 있다. 언뜻 보면 합리적인 것 같다. 기존 경쟁자들을 그 정도로 이기지 못하는 제품이라면 누가 시장에 내놓고 싶겠는가?

그렇지만 신생기업 어니스트 티라면, 최소한 대기업이 진행하는 방식으로는 절대 테스트를 통과하기 어려울 것이다. 블라인드 테스트에서는 보통 단맛이 더 나는 제품이 선호되기 때문이다. 샘플이 적어서이기도 하고, 시음자들을 제대로 선정하지 못해서 그럴 수도 있다. 업체들은 젊은 소비자들을 끌어들여 오랜 기간 관계를 긴밀히 구축하려 한다. 그렇지만 음료의 맛도, 미각세포도, 시간에 따라 변한다. 성인은 10대에 비해 단맛을 덜 선호한다. 만약 어니스트 티로 블라인드 테스트를 한다면 어떤 사람을 시음자로 선정하고 싶은가? 스내플을 즐겨 마시는 사람들이 선정된다면 테스트에서 떨어질 게 뻔하다. 우리는 애초에 스내플을 좋아하지 않는 사람들을 찾으려 했다. 전통적인 시장조사는 새로운 유형의 제품을 만들어내는 데 그다지 효과가 없다. 그렇기 때문에 나는 좋은 이론만큼 실용적인 것은 없다고 생각한다.

물론 그런 이론을 현실화한 것은 세스였다. 내가 어니스트 티에서 한 일은 단순했다. 세스가 성공하도록 돕는 것 말이다. 즉 나는 일종의 공명판 역할을 했고, 세스가 혼돈에 빠지지 않도록 도움을 줬다. 그리고 이 말은 내가 악당 역할도 맡아야 했음을 의미한다. 세스는 사람들에게 호감을 얻어야 했고, 실제로도 천성적으로 그랬다. 그렇지만 공급업자, 유통업자, 협력업체 등과 벌였던 여러 협상은 논쟁적일 때도 있었다. 강경한 입장을 취해 비난받아야 할 상황이라면, 그 역할은 마땅히 내가 떠맡았다. 결국 세스가 만족스런 성과를 거두면 나 역시 만족할 수 있으니까.

매주, 꿈에 부푼 식음료업계 창업자들이 조언을 구하러 교수님과 나를 찾아온다. 내가 그들에게 건네는 첫 조언은 영화 〈몬티 파이튼과 성배〉에 나온 다음의 대사이다. "도망치세요! 도망치세요!"

회사를 키우면서 맛보는 재미와 보람을 낭만적으로 생각하는 것은 쉽지만, 그에 따르는 위험을 상상하기는 쉽지 않다. 사기를 당하거나, 급여일이 다가오면 돈 걱정에 잠을 못 이루거나, 경쟁업체가 우리 제품을 베끼는 상황을 미리 생각하는 창업자는 없다. 평생 모은 저축을 투자하고선 밤마다 식은땀을 흘리며 깨는 것도 역시 미리 계획하는 건 아니다. 나는 음료업계에서는 사람의 시간표가 아니라, 그보다 7배나 빠른 개의 시간표를 적용해 고용주기를 계산해야 한다는 농담을 한다. 그만큼 일이 힘들다. 때로는 한 달이 순식간에 지나는 것처럼 느껴지고, 때로는 하루가 일주일처럼 길게 느껴지기도 한다.

그런데도 왜 이 일을 할까? 열정으로 살아가는 길이기 때문이다. 나에게 어니스트 티는 훌륭한 사업 기회나 갈증을 해소하는 방법 이상이다. 어니스트 티는 좀 더 건강한 음료를 만들어 식생활을 개선하고, 음료 생산에 쓰는 화학원재료의 총량을 줄여 생태계에 도움을 주고, 경제적 기회가 필요한 지역사회를 돕는 길이다. 이처럼 광대한 어니스트 티의 미션은 나에게 동기를 부여하고 영감을 주었다. 또 다른 많은 직원들과 투자자들에게도 힘을 주었다. 물론 일부는 경제적 수익에 더 관심을 기울이기도 했다. 미션에 관심 있는 사람들과 수익에 관심 있는 사람들 모두를 만족시켰다는 점에서 우리 이야기는 해피엔딩이다.

그렇다면 우리는 운이 좋았는가? 이 지점에서도 나는 교수님과 의견이 갈릴 것 같다. 우리는 목이 말랐다. 운도 꽤 좋았다. 그리고 뼈가 빠지게 열심히 일했다.

우리가 코카콜라를 투자자로 영입한 시점은 사람들의 식습관이 더욱 건강한 쪽으로 바뀌던 때였다. 한편으론 경기침체 직전이어서, 코카콜라의 지원에도 불구하고 경영이 힘들었다. 그렇지만 나는 우리가 운이 좋아서 적절한 때에 적절한 곳에 있었을 뿐이라는 의견에는 동의하지 않는다. 적절한 때에 적절한 곳에 있기 위해서 우리는 10년 동안 공력을 쏟아야 했다. 그 10년 동안 우리보다 자원이 더 풍부한 여러 업체들이 나타났다 사라졌다. 우리는 그저 자고 일어나 보니 벼락부자가 된 것이 아니다.

우리 음료수 병뚜껑에 쓰인 글귀 중 내가 가장 좋아하는 것은 UCLA 농구팀 감독이었던 존 우든의 말이다. 거의 사업이 끝장날 뻔한 경험을 했지만, 3P의 기업가 정신이 있었기에 우리는 다시 살아날 수 있었다. 바로 열정passion, 끈질김persistence, 인내력perseverance 말이다.

일이 최대한 잘 풀리도록 애쓰는 사람들에게는 일이 최대한 잘 풀리게 마련이다.
—존 우든

이제 우리 이야기를 마무리하며, 내가 배운 몇 가지를 들려드리고 싶다.

한 방에 모든 것이 결정될 순 없다. 수천 개의 작은 것이 모여서 이루어진다. 사람들은 우리가 급격히 성장할 때 특별한 사건이나 전환점이 없었는지 묻는다. 실제로 중요한 순간들이 있었다.

- 오프라 윈프리가 발행하는 잡지에 전면 기사가 실렸던 때
- 스토니필드로부터 투자를 유치하고 게리 허시버그를 이사회에 영입한 때
- 제품의 맛을 '약간 단JUST A TAD SWEET'이라고 표현했을 때
- 전 제품에 미 농무부 유기농 인증을 받은 때
- 제품 및 유통 라인을 유리병과 플라스틱병으로 나눈 때
- 어니스트 에이드를 출시하여 차 영역을 넘어선 때
- 어니스트 키즈를 출시하여 파우치 음료로 진입한 때

스토니필드와 거래를 맺기로 한 날 아침을 지금도 생생히 기억한다. 나는 게리 허시버그가 가져다줄 엄청난 기회를 고대하며 전화가 울리기만을 기다렸다. 오전 11시까지도 전화가 오지 않자, 이제 포기하고 현장에 나가서 영업을 해야 한다고 생각했다.

이런 순간들이 중요한 이유는 우리가 매출을 만들어낼 수 있도록 기회를 가져다주었기 때문이다. 거기에 셀 수 없이 많은 작은 일들이 더해졌다. 우리 직원들이 했던 아래와 같은 일처럼.

- 일찍 매장에 가서 음료 냉장고에 우리 제품을 완벽하게 진열했다.
- 오랫동안 서서 시음행사를 진행하면서도 미소를 잃지 않아 팬을 더 확보했다.
- 제조법이나 라벨 디자인을 약간 바꿔 맛을 개선하고 시각적으로 더 돋보이게 했다.

- 공급업체에 대금지급일을 연장해주도록 설득해서 자금난을 덜어주었다.
- 운송비용을 깎아 직원을 더 고용할 수 있는 금전적 여유를 만들었다.

이처럼 예고되지 않은 순간들이 모여 우리가 성공을 거두는 데 남다른 도움이 됐다. 위에서 언급한 직원들의 노력은 돈으로 살 수 없는 것들이다. 그것은 공통의 미션과 목표에 고무되고 하나로 뭉친 헌신적인 사람들이 만들어낸 결과이다.

매각 계약 진행

신생회사가 잘나가게 되면, 인수하고 싶다는 구혼자가 하나둘 나타나기 마련이다. 머리가 어질어질해질 정도로 정신없을 수 있다. 나는 계약 쪽 전문가는 아니지만, 그간 배운 것 몇 가지를 정리했다.

전략적 파트너와 놀아날 생각을 하지 마라. 고등학교 시절, 나는 여학생들에게 데이트 신청하는 데 젬병이었다. 그래서 토요일 저녁이면 주로 집에서 드라마 〈사랑의 유람선〉을 보며 지냈는데, 이렇듯 모자랐던 바람기는 후일 어니스트 티에 잠재적 인수자들이 접근할 때 아주 괜찮은 인성이 됐다. 자랑은 아니지만, 인수에 관심을 보이는 회사에서 진정으로 장기적 관계를 맺으려는 게 아니면 나는 대화를 시작하지 않았다. 그래서 좋은 기회를 놓쳤을 수도 있지만, 수완을 부리지 않는 정직한 사람이라는 평판을 얻게 됐다. 또 이렇게 한눈팔지 않은 덕분에 차를 팔아 브랜드의 장기적 가치를 키우는 일에 더 몰두할 수 있었다.

옆에 있는 동료를 믿어라. 네슬레와 협상이 결렬됐던 순간에 교수님과 나는 서로 손가락질했을 수도 있었다. 특히 교수님이 우리 가족의 경제적 미래를 망치고 있다는 얘기를 들었을 때는 더더욱 그랬다. 그렇지만 우리는 아주 좋은 팀으로 10년을 같이해왔고, 협상 하나가 좌초했다고 해서 훼손될 관계가 아니었다. 교수님이 있어 든든했다. 중국에 있는 모든 차를 준다 해도 바꾸지 않을 것이다. 물론 공정무역 제품에다 가격이 정말로 좋다면 생각이 바뀔 수도 있겠지만.

가장 중요한 일은 남에게 위임하지 마라. 코카콜라와 합의를 도출한 것은 우리가 해본 것 중 가장 중요한 협상이었다. 이 과정을 통해 우리는 파트너십과 관계의 성격을 정의하는 데 도움을 얻었고, 투자자 모두에게 경제적 수익도 안겨줄 수 있었다. 이런 일은 투자은행 전문가들과 변호사들이 나서서 진행하는 게 보통이지만, 교수님과 나는 우리 변호사와 함께 거의 전 과정에 적극적으로 참여했다. 그 결과, 우리가 어떤 사람을 상대하고 있는지, 스트레스 받는 상황에서는 그들이 어떻게 일을 하는지, 얼마나 효과적으로 문제를 해결하는지, 그리고 궁극적으로는 신뢰할 수 있는 사람인지를 알 수 있었다.

물론 사람들이 투자은행 전문가들과 변호사들로부터 협상에 도움을 받는 데는 이유는 있다. 이해관계가 복잡하게 걸려 있는 상황에서는 객관적 관점을 유지하기 쉽지 않다. 협상을 제대로 처리하지 못했다면, 나는 꿈꾸던 일과 가족의 경제적 미래를 한순간에 날렸을 것이다. 반면에 상대방 입장에서는 일이 어떻게 되든 삶이 크게 바뀔 건 없었다. 그렇기 때문에 우리에게는 객관성을 유지할 수 있고 믿을 만한 사람이 꼭 필요했다. 우리와 이미 여러 해에 걸쳐 일을 같이 해온 조지 로이드 변호사는 우리의 강점과 약점을 잘 알고 있었다. 바로 진정한 의미의 조언자였다. 아주 초기부터 이러한 관계를 맺을 필요가 있다. 중요한 협상을 진행하는 중간 단계에서 서로를 알아가기 시작하는 것은 적절하지 않다.

하고 싶은 것을 포기하면서까지 협상하지 마라. 미션을 중요한 사업 분야에서는 기업이 영혼을 잃어버리거나 최소한 경영자들이 리더십을 잃어버리는 상황을 쉽게 볼 수 있다. 벤앤드제리스Ben & Jerry's의 창업자 벤 코헨이나 실크Silk의 창업자 스티브 데모스 같은 이들에게 물어보면, 다시 기회가 주어진다면 뭔가 다른 방식으로 했을 거라고 얘기할 것이다. 나는 그런 상황이 우리 어니스트 티에서는 벌어지지 않도록 최선을 다하고 있다. 회사를 팔고 나가는 것이 아니라, 우리와 미션을 기꺼이 공유하는 파트너를 찾는 건 쉬운 일이 아니었다. 나는 업계에서 발을 빼는 데에는 관심이 없었다. 오랜 노력 끝에 우리의 미션을 더 많은 소비자들에게 알릴 기회를 잡았는데 그럴 수는 없는 노릇이었다.

물론 창업자들이 모두 이렇게 생각하는 것은 아니다. 사업이 자리를 잡으면 몇몇

은 지루함을 느끼기 시작해서 다른 사업을 벌이고 싶어한다. 자신이 어떤 유형의 창업자인지를 제대로 알고, 자신의 파트너와 서로의 목표를 제대로 이해해야한다.

고객과 개인적 친밀감을 유지하라. 나는 지금도 고객이 보낸 이메일을 모두 읽고, 상당수에는 답장도 한다. 코카콜라와의 매각 협상이 공개되자 우리 고객들 중 일부는 결코 반기지 않았다. 나는 개인적으로 그들의 우려에 답을 했다. 협상에 이르게 된 동기를 설명하고 그들의 회의적 의견에 반론도 제시한 뒤, 어니스트 티가 계속 정직할 수 있도록 도와달라고 요청했다.

코카콜라가 어니스트 티 지분 40%를 인수해 최대주주가 되고, 3년 후 나머지 지분도 매입할 옵션을 갖게 될 거라는 뉴스를 보고 놀라움과 실망을 금할 수 없네요. 어니스트 티는 지난 10년간 건강한 유기농 제품, 환경친화적 품질, 공정무역을 약속하며 성장했습니다. 그런데 세계 곳곳에서 이런 원칙을 무시하며 사업하는 다국적기업 코카콜라와 손잡는다니, 정말 당혹스럽군요!

줄리

새로운 메일이 왔습니다.

안녕하세요 줄리, 솔직한 의견 감사합니다. 이메일 내용으로 보건대, 코카콜라가 우리와 비슷한 제품을 팔게 되면 세상이 훨씬 좋아질 거라고 생각하실 듯합니다. 그렇다면 문제는 어니스트 티가 코카콜라 때문에 망가지지 않을까 하는 점이겠죠. 저는 어니스트 티가 앞으로도 계속 지금까지 팔아온 제품을 팔 것이라고 확신합니다. 우리는 신중을 기하면서 10년 넘게 어렵게 사업을 키워왔습니다. 제품을 더 싸게 만들자는 의견이 수없이 많았죠. 유기농 사탕수수설탕이나 꿀이 아닌 액상과당을 쓰고, 공정무역 인증 없는 찻잎을 쓰자고요. 칼로리를 올리자는 얘기도 끊임없이 들었습니다. 그렇지만 우리는 일관되게 정직을 지켜왔어요. 코카콜라는 바로 그것에서 가치를 발견했고요. 만약 그들이 우리 회사를 자기네와 비슷하게 만들려 했다면, 어니스트 티에 투자하지 않고 그냥 자체 브랜드를 하나 만들었을 겁니다.
우리가 앞으로 어떤 일을 하는지 지켜보고 판단해주세요. 유기농, 건강한 제품, 지속가능성이라는 사명으로부터 멀어지는 게 보이면 알려주십시오.

정직을 담아서, 세스 드림

마지막 순간에 떠오르는 몇 가지 생각

만약 10년 전에 누군가가 내게 앞으로 미션이 이끄는 사업에 뛰어들어 다음과 같은 일을 하게 될 거라고 얘기했다면 내 반응이 어땠을까?

- 열정적이고 다양한 사람들로 이루어진 팀을 꾸려나간다.
- 미국인의 식단에서 수억 칼로리를 줄인다.
- 지속가능한 농법을 지원한다.
- 개발도상국가의 지역사회 단위에서 경제적 기회를 창출한다.

"딱이네. 내가 관심을 갖고 있는 게 바로 그런 일이에요."라고 했을 것이다. 유일한 질문은 "어느 비영리조직이나 정부기구에서 일하게 되는 거예요?"였겠지. 변화를 창조하는 수단이 음료수가 될 줄은 상상도 못 했다. 지금도 때때로 아침에 일어나면, 내가 삶의 방편으로 병과 파우치에 든 음료를 팔고 있다는 걸 떠올리고는 놀라곤 한다.

> 나아가는 방향을 바꾸지 않는다면, 결국 그냥 흘러가는 대로 가게 될 것이다.
> —중국 속담

자라면서 나는 사람들이 각자의 삶을 향상하는 데 보탬이 되는 일을 꿈꾸어왔다. 그런 변화를 이끌어나가는 최상의 방법은 정치라고 생각했다. 그렇지만 어니스트 티를 통해, 소비자들이 날마다 세상을 지금보다 더 나은 방향으로 조금씩 진전시킬 수 있는 결정을 내린다는 것을 깊이 깨닫게 됐다.

몇 년 전 가수 존 메이어의 〈세상이 바뀌기를 기다리며Waiting on the world to change〉라는 노래가 인기를 끌었다. 멜로디는 좋지만, 메시지는 틀렸다고 생각한다. 기다려서는 세상을 바꿀 수 없다. 우리는 매일 의식적으로 선택함으로써 변화를 만들 수 있다. 입는 것, 살아가는 방식, 먹는 것, 그리고 당연하지만 마시는 것까지.

어니스트 티 사무실 중앙에는 매출 현황판이 있는데, 들어오는 모든 주문 내역이 적혀 있다. 겉보기엔 그저 판매 병수를 기록한 것으로 보일 수도 있지만, 나는 그보다 훨씬 중요한 것을 보여준다고 생각한다. 그것은 바로 우리의 미션이 세상에 얼마나 영향을 미치고 있는지를 보여주는 매일의 지표이다. 하루 일과를 마치고 이 현황판이 꽉 차 있는 걸 보면 힘이 솟아난다. 나아가는 방향을 바꾸는 데 우리가 조그마한 역할이나마 하고 있다는 뜻이기 때문이다.

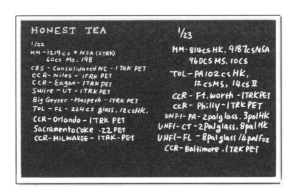

때로는 현황판이 비는 날도 있게 마련이다. 그런 날이면 설령 우리가 많은 것을 이루긴 했지만, 여전히 대부분의 미국인이 마시는 음료와는 현격히 다른 제조법과 재료로 음료를 만들고 있음을 스스로에게 상기시키곤 한다. 변화는 쉽게 이루어질 수 없지만, 우리는 여전히 더 나은 미래를 향한 열정과 도전으로 힘을 다시 얻는다.

교수님과 내가 우리 집 부엌에서 보온병 5개에 차를 채우던 날부터 우리는 실로 많은 진전을 이뤘다.(그 보온병은 아직도 우리 사무실에 있다.) 그렇지만 인류와 지구의 건강과 관련해서는 분명히 우리가 할 일이 아직도 많다.

자, 어니스트 티는 과연 적절한 때에 적절한 곳에 있었던 것일까? 이제 나는 설령 신념을 가진 일을 키워나가더라도 실패할 수 있다는 걸 알고 있다. 그러나 실패하든 성공하든 싸워볼 가치가 있다면, 당신은 적절한 때에 적절한 곳에 있는 것이다.

2008년 3월 코카콜라는 어니스트 티의 지분 40%를 인수했고, 2011년에는 나머지 지분도 모두 인수했다. 세스는 여전히 베데스다에 살면서 경영을 하고, 배리는 예일대에서 강의를 계속하고 있다. 머릿속을 맴돌던 대출보증 부담이 사라졌고, 더 좋은 매트리스도 샀기 때문에 세스는 요즘 잠을 잘 자고 있다. 배리는 체중을 18킬로그램 가까이 줄였고, 많은 도움을 받은 끝에 가까스로 사무실에 쌓여 있던 서류더미들을 정리하고 책상을 찾아냈다.

공언한 대로, 네슬레는 차음료 브랜드인 트레이드윈즈와 스위트리프를 인수했다. 펩시는 타조의 유통망을 인수해서 경쟁에 뛰어들었다.

코카콜라가 우리 뒤에 버티고 있었지만, 여전히 난제들이 도사렸다. 2008년 금융위기 때는, 빠르게 성장하는 상황임에도 오랜 주거래 은행에서 신용대출 한도액을 늘려주지 않았다. 고맙게도 투자자 중 한 곳에서 우리가 필요한 1000만 달러를 신용대출해 줬다.

2009년에는 홍차버섯인 콤부차를 출시했다. 굉장한 제품이었고 매출 실적도 놀라웠지만, 결국에는 모두 매장에서 철수시켜야 했다. 매장 한 군데서 무작위로 테스트한 결과, 우리 콤부차의 알코올 함량이 법정한도인 0.5%를 초과하는 것으로 드러

났기 때문이다. 그렇게 인기가 좋았던 데는 이유가 있었던 것이다.(우리 변호사들은 다음 내용을 덧붙이라고 했다. 우리가 콤부차를 생산할 때는 법정기준 이내였는데, 이후 유통과정에서 자연적 변이와 취급 부주의로 인해 알

코올 수치가 올라갔을 거라고 말이다.)

코카콜라와도 항상 전적인 의견 일
치를 이룬 것은 아니다. 일례로 그
들은 어니스트 티 상자에서 "액상
과당을 넣지 않았습니다!"라는 문
구를 없애라고 요청하기도 했다.(우
리는 그 요청을 따르지 않았다.) 그렇지만 탁월한 진전을 같이 이루기도 했다. 코카콜
라는 유기농 인증 보틀링 공장 두 곳에 세계적 수준의 차음료 제조설비를 들여놓
았다. 어니스트 키즈 제품군에 쓰는 감미료를 모두 유기농 과일주스로 대체하는
데에는 코카콜라의 도움이 컸다. 진작부터 바랐지만 코카콜라의 도움이 없었다면
실현되지 못했을 일이다.

지난 밤 저희 병에 무슨 일이 생겼는지
알아차리셨나요?
환경친화적인 저희 병은 다른 병보다
22% 가벼우며, 연간 수백만 파운드의
플라스틱을 덜 사용합니다. 하지만
이 무게를 지탱하려면 어느 정도
압력에 견딜 수 있어야 하기 때문에
병 아랫부분을 돔 모양으로 만들었습니다.
내용물의 용량은 이전과 똑같습니다.
저희는 고객 여러분을 속이지 않습니다.
정직을 담아서

플라스틱 사용량을 줄이기 위해서 저중량 페트병을 개발했지만, 너무 쉽게 찌그
러지는 문제가 생겼다. 이걸 해결하기 위해 병의 아랫부분을 돔 모양으로 만들고

279

재질을 강화했는데, 어떤 소비자들은 병의 아랫부분에 문제가 생겼다고 오해했다. 우리는 즉시 포스트잇에 설명을 써서 라벨 위에 붙였다. 얼마 되지 않아 병 문제는 해결되었다.

2011년 우리는 '어니스트 코코아노바'라는 이름의 대담하면서도 맛이 뛰어난 새로운 카카오음료를 출시했지만, 불과 12개월 만에 기록적인 패배를 맛보았다.

그렇지만 언제나처럼 일은 계속됐다.

이런저런 일을 헤쳐나가면서 어니스트 티는 성장을 거듭했다. 2007년 2300만 달러이던 매출은 2012년 8850만 달러에 달했다. 2012년 7월 11일 일일 주문액이 110만 달러를 돌파했는데, 이것은 우리 회사 창립 첫해에 거둔 총판매액을 넘어선 것이다. 직원 수는 2007년 52명에서 현재 112명으로 늘었다. 우리 제품을 취급하는 매장은 코카콜라가 투자를 결정한 2008년엔 1만 5000곳에 그쳤으나, 지금은 10만 곳을 넘었다.

매출 규모를 키우는 것과 동시에 우리는 사회적 미션 실현에도 박차를 가했다. 2011년 우리는 모든 차음료에 공정무역 인증을 받았다. 페트병 저중량화를 실현한 결과, 플라스틱 사용량을 22% 줄였다. 스스로에 대한 책임성을 제고하기 위해 연간 미션 보고서 「정직을 지키며 Keeping It Honest」를 발행하기 시작했다. 이 보고서는 우리 웹사이트 honesttea.com에서 볼 수 있다.

음료업계 역시 진화했다. 우리가 그 모든 진화를 이끈 것은 아니지만, 다음을 보시기 바란다.

- 1998년 어니스트 티를 출시했을 때, 470밀리 스내플 차음료 1병당 평균 칼로리는 180에 달했다. 2012년에는 140 정도로 줄었다.
- 2007년 어니스트 키즈를 출시했을 때 카프리썬 음료 파우치 1개당 칼로리는 100이었다. 2012년에는 60으로 줄었다.(물론 파우치 크기를 12% 줄인 탓도

있다.) 우리는 저가당 어린이음료 제품이 성공할 수 있음을 보여줬다고 생각한다. 매년 수억 개의 카프리썬이 팔리는 것을 감안하면 아이들 점심 도시락에서 수백억 칼로리를 줄였다는 의미이다.

- 예전에는 음료 파우치가 모두 쓰레기 매립장으로 보내졌다. 그러나 어니스트 키즈가 나온 이후에는 테라사이클과의 협업으로 1억 4000만 개 이상의 파우치가 업사이클링되었다.

어니스트 티의 비즈니스 모델과 성공 사례는 대형 브랜드가 나아갈 길을 보여주는 데 기여했지만, 아직도 할 일이 많다. 우리는 매년 1억 개 이상의 병과 파우치 음료를 팔아 미국인의 식단에서 수십억 칼로리를 줄이는 데 기여하고 있다. 우리가 성장할수록 더욱 많은 칼로리를 줄이고, 사람들이 더 건강한 식습관으로 바꾸는 데 기여할 수 있을 것이다.

유기농 식품과 음료의 판매량은 계속 증가하고 있지만, 여전히 미국 전체 소비량의 5%에도 미치지 못한다. 우리는 자연식품 매장을 사랑한다. 이들이 없었다면 어니스트 티를 출시조차 할 수 없었을 것이다. 그러나 누구나 어디서든 더 쉽게 유기농 제품을 살 수 있게 만들 필요가 있다. 그리고 이제 코카콜라의 일부가 된 덕분에 우리는 유기농 제품을 널리 퍼뜨릴 기회를 갖게 되었다. 우리의 티파티는 이제 막 시작되었다.

정직을 담아서, 세스와 배리

Seth + Barry

1. 자신이 믿고 있는 것을
키워라.
이것이 바로
위대한 브랜드를 키우는
첫걸음이다.

2. 10% 개선을
목표로 삼지 마라.
완전히 다르고,
월등하게 좋은 것을
만들어라.

3. 모방당할 것을 대비하라.
모방에서
살아남을 수 없다면
시작하지 마라.

4. 불운과 실수를
이겨낼 에너지와
여유자금을
축적하라.

5. 절대로. 결단코.
경영권을 포기하지 마라.
매각하기 전까지는.

6. 중요한 문제에는
타협하지 마라.
그 외의 모든 것은
타협해도 좋다.

7. 제한된 예산으로
목표를 달성하는 법을 짜내라.
그 뒤 예산을
다시 절반으로 줄여라.

8. 사업은
단거리 경주가 아니라
마라톤이다.

9. 가족과 자신,
그리고 정신의 건강을
지켜라.
자주 웃고 있지 않다면
자신을 재정비하라.

10. 영원히 자기 것이라는
마음으로
기업과 브랜드를
키워라.

11. 이 십계명에
과도하게 구애받지 말라.
법을 어기고 있지 않는
한은.

우리의 힘만으로는 어니스트 티를 성장시키는 것이 불가능했던 것처럼, 이 책은 수십 명의 주변 사람들이 건네준 응원의 말과 아이디어, 비판, 그리고 교정의 결과물이다.

우선 이 책에 등장하는 모든 '캐릭터'에게 어니스트 티의 오늘이 있기까지 기여한 역할에 감사한다. 멜라니 크니처 같은 몇몇 사람들은 아직도 우리 브랜드를 함께 키우고 있다. 조지 스칼프와 어빙 H 허시코위츠는 슬프게도 고인이 됐다.

우리는 어니스트 티의 직원들에게 커다란 빚을 졌다. 특히 도움과 지원을 아끼지 않은 어니스트 티의 미션 담당 부책임자인 셰릴 뉴먼, 켈리 카다몬, 리넷 테일러에게 깊이 감사한다. 확신(과 돈)을 투자한 투자자들에게도 엄청난 빚을 졌다. 존 맥베인은 현명한 조언과 함께 은행도 꺼려할 때 우리에게 신용대출을 제공해주었다. 그리고 우리가 어렸을 때부터 지금까지 지원을 멈추지 않는 부모님들께 특별한 감사를 전한다.

이 책을 만화로 내기로 마음먹었을 때, 미국그래픽아트협회의 전무이사인 릭 그레프는 오늘날 미국에서 가장 전도유망한 예술가들을 소개해주었다. 원하는 것이 무엇인지 제대로 구체화하지 못한 상태였지만, 최성윤의 작품을 본 순간 우리는 적임자를 찾았음을 직감했다. 그녀가 우리와 같이 일을 하겠다고 수락한 것은 실로 엄청난 행운이었다. 그녀는 자신의 재능에 걸맞은 사려 깊음과 인내, 그리고 직관을 보여줬다.

우리는 항상 제품 뒷면의 라벨에 들어갈 메시지를 87자 이내로 쓰는 데 애를 먹고 있다. 그러니 10년 동안의 얘기를 말풍선에 넣어 전달하는 게 얼마나 어려운 일이었을지 상상이 갈 것이다. 운 좋게도 우리에게는 열정적이고 정직하며 단호하기 이를 데 없는 편집자 케이티 피코타가 있었다. 세부사항에 대한 그녀의 엄청난 집중력은 실로 큰 도움이 되었다. 또 그녀는 우리 얘기 전체를 간결하고 궤도를 벗어나지 않으며 정직하게 만드는 데 누구보다도 많은 도움을 줬다. 그리고 우스갯거리를 찾고, 대화를 자연스럽게 이어지게 했으며, 어니스트 티 음료 여분까지 몽땅 마셔준 이선 쿠퍼버그에게도 감사의 뜻을 표한다. 앤 패디먼, 주디 핸슨, 티모시 영, 잭 그린월드, 마샤 네일버프 또한 현명한 조언을 아끼지 않았다. 우리는 회의 장면은 가급적 피하려 했다. 그런 장면이 몇 군데 등장하기는 하지만, 이선, 케이티, 선영의 창조적 아이디어 덕분에 훨씬 줄일 수 있었다.

경영서도 만화로 만들 수 있음을 믿어준 출판업계의 영웅들이 없었다면 이 책은 나올 수 없었을 것이다. 시작부터 우리를 도와준 에이전트 수전 긴스버그, 편집자인 로저 숄과 그의 동료들에게 감사한다. 그들은 이 책이 일반적인 형식이 아님에도 기꺼이 받아들이고 응원을 아끼지 않았다.

우리는 아주 행복하게도 아내와 아이들에게 빚을 지고 있다. 세스의 아내인 줄리 파카스는 조수석에 탑승한 채로 어니스트 티와 함께 여정을 치렀다. 그 여행길엔 종종 위험천만한 운전이 함께했다. 그에 비하면 이 책을 쓰는 일은 더 편안한 여정이었지만, 그녀의 솔직한 조언과 지치지 않는 지원은 여전히 귀중했다. 배리의 아내, 헬렌 카우더는 첫 라벨 디자인을 작업한 슬로언 윌슨을 찾는 데 도움을 줬으며, 출발할 때부터 우리의 비밀스런 포커스그룹의 일원이었다. 우리 아이들인 조나, 엘리, 아이작, 그리고 레이첼과 조는 그치지 않는 응원과 여흥, 그리고 영감의 원천이었다.

마지막으로, 너무나 멋진 우리 고객들께 감사한다. 여러분이 없었다면 우리 이야기는 탄생할 수 없었을 것이다. 고맙습니다!

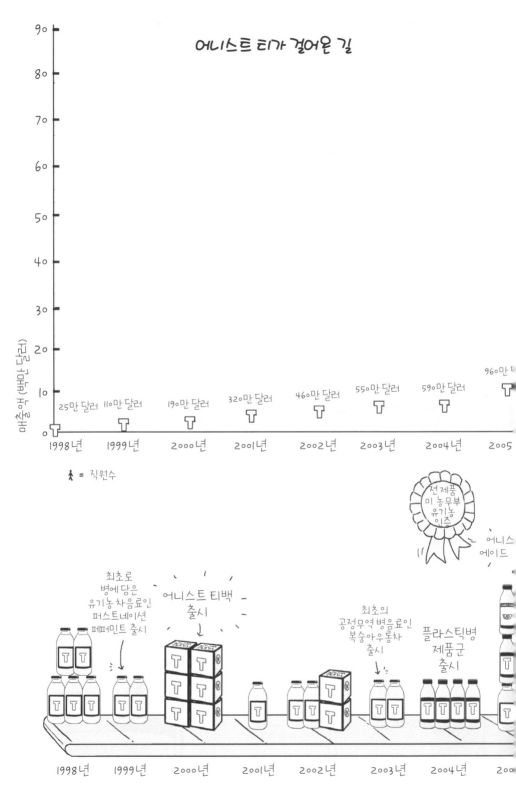

어니스트 티가 걸어온 길

▲ = 직원수

최초로 병에담은 유기농 차음료인 퍼스트네이션 페퍼민트 출시

어니스트 티백 출시

최초의 공정무역 병음료인 복숭아우롱차 출시

플라스틱병 제품군 출시

전 제품 미 농무부 유기농 인증

어니스 에이드

885만 달러

750만 달러

715만 달러

4700만 달러

3800만 달러

2300만 달러

50만 달러

| 2006년 | 2007년 | 2008년 | 2009년 | 2010년 | 2011년 | 2012년 |

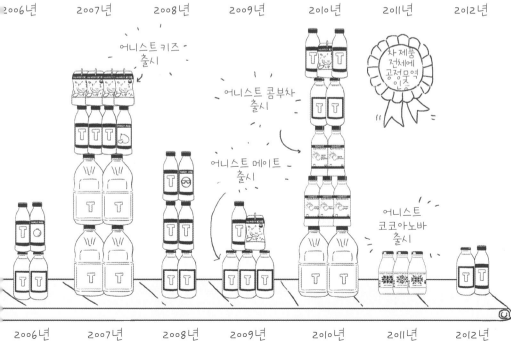

어니스트 키즈 출시

어니스트 콤부차 출시

어니스트 메이트 출시

어니스트 코코아노바 출시

차 제품 전체에 공정무역 인증

2006년   2007년   2008년   2009년   2010년   2011년   2012년